1分間 寝ながら小顔

Tomoko Yamamoto
山本知子

青春出版社

はじめに

寝ながら？

小顔？

そう思って手に取った方も多いかもしれません。

〝小顔本〟はたくさんあります。

もしかすると、この本を手に取った方は、それだけではなかなか小顔にならなかった人が多いのではないでしょうか？


顔をどうにかしたいと思う時、多くの女性が小顔マッサージや顔の筋トレを試すでしょう。小顔になぁれと念を込めるかのごとく、ギュウギュウと顔を押さえつけたり、一生懸命に筋肉を動かしてみたり……。

でもこれ、ちょっと正しくて、ちょっと間違っています。


顔の大きさは遺伝によって大きく左右されます。

しかし、顔が大きいと悩んでいる多くの人は、加齢や生活習慣などの後天的な理由による骨のゆがみが原因であることが多いのです。

こうしてできた**ゆがみは、顔の筋肉本来の動きを制限することになり、**

むくみやコリなどへとつながり、〝大顔〟をつくり出してしまうのです。

ですから、根本的なゆがみを取らずに、鏡とにらめっこしながらギュウギュウと力づくで顔を押さえつけても効果は期待できないでしょう。

思い出してみてください。

小顔マッサージやエステの施術を受ける時、座ったままですか？　立ったままですか？

〝寝ている〟ことが多いのではないでしょうか？

これは**マッサージやエステの効果を最大限に発揮するため**だからです。

ですから、本書では**小顔トレーニングの最大限の効果を得るために〝寝ながら〟行う**ことを提唱します。

がんばらなくても大丈夫！

リラックスしながら、気持ちよく、本来の顔の大きさを取り戻していきましょう！

1分間 寝ながら小顔 もくじ

第2章

実践！ 小顔エクササイズ

第3章

小顔は〝スタイル〟を変える！

第1章

寝るだけで誰もが「小顔」になる理由

一緒に並ぶのがつらい…

〝コガオ〟と〝デカオ〟の違いとは？

会の最後に記念撮影。送られてきた画像を見ると、自分の顔がやたらでかい……。

好きなモデルが着ていた服を試着したら、顔の大きさが強調され残念な状態……。

これはもう生まれつきで、顔の骨自体が大きいからどうしようもない……なんて諦めないでください。

もちろん生まれつきの骨の大きさは存在します。しかし、〝デカオさん〟も小顔に変わることはできます。なぜなら、デカオの印象を

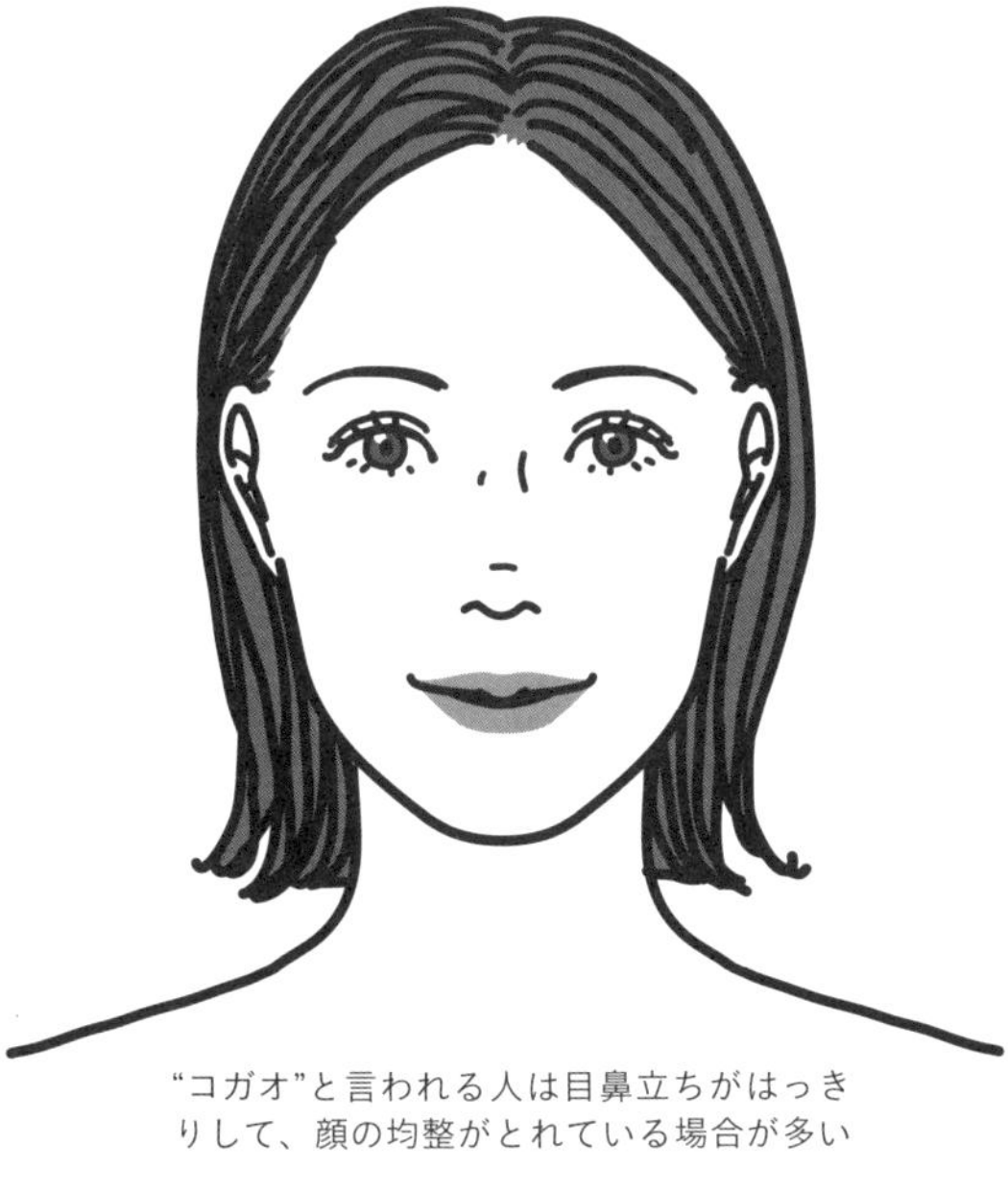

“コガオ”と言われる人は目鼻立ちがはっきりして、顔の均整がとれている場合が多い

つくるのは、単純に目鼻口などのパーツ以外の部分が目立っていて、目鼻立ちがはっきりしていないことが多いからです。さらに細かくデカオさんの特徴を見てみると、大きく2つのタイプに分けられます。

1つは「ぽっちゃりタイプ」。あごまわりがふっくらして腫れぼったく、顔のパーツがボヤッとしています。顔全体に水分がたまっている状態です。

2つ目はエラが張り、あごまわりが凝っていて分厚く、頬骨は筋肉が凝って硬くなり、大きく見える「ゴツゴツタイプ」です。

いずれのタイプも顔のパーツ以外の部分は後天的につくられる場合が多いので、十分に小顔を手に入れることができるのです。

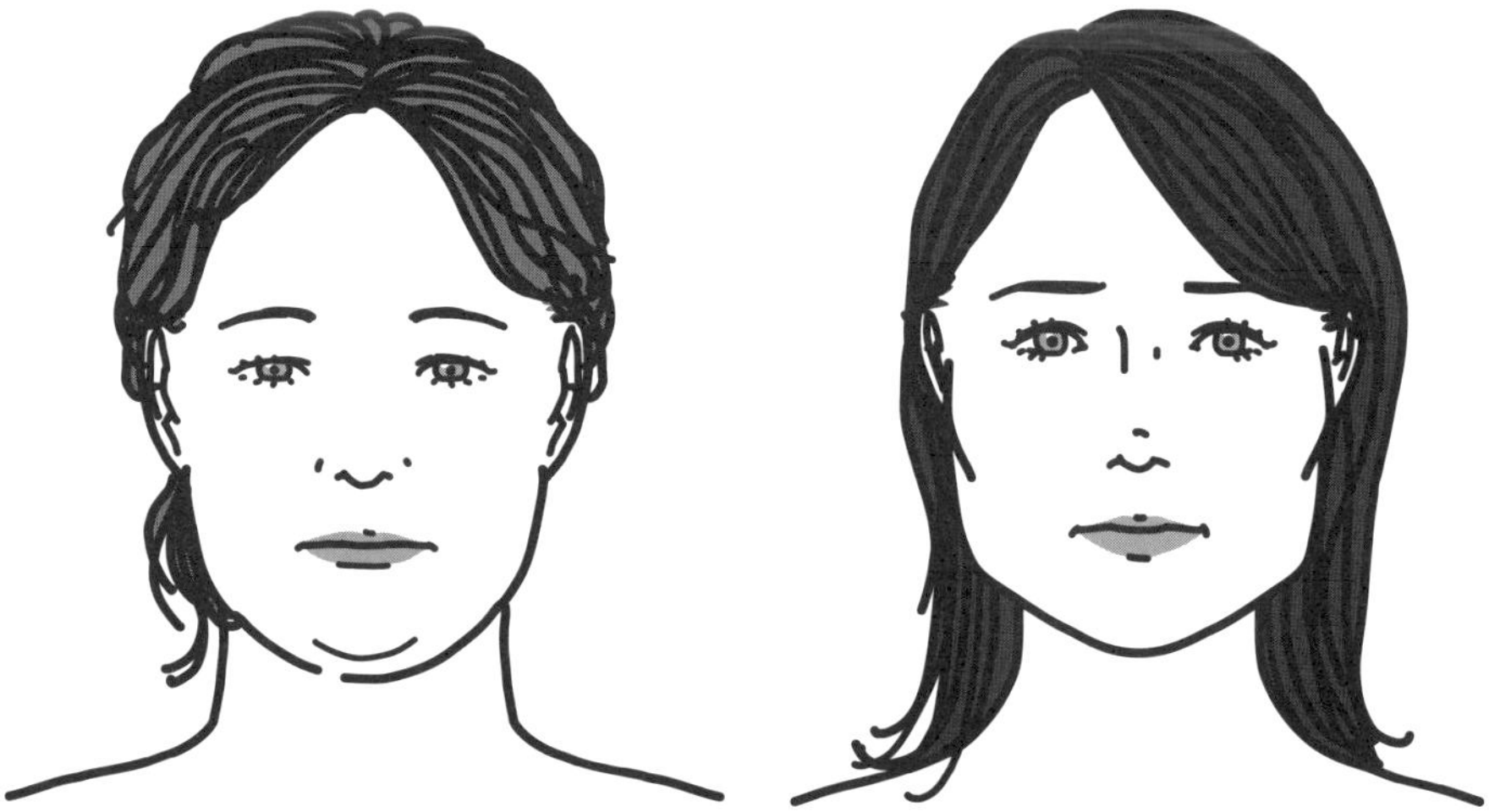

“デカオ”の人は、「ぽっちゃりタイプ」(左) と「ゴツゴツタイプ」(右) に分けられる

顔の大きさと〝骨〟の関係

顔の小さなモデルさんを思い浮かべてみてください。目鼻立ちがくっきりとし、顔のバランスがよく、余分なお肉がない顔立ちをしていると思いませんか？

これはたんに顔の骨のつくりが小さいからというわけではありません。じつは顔は23個の骨がパズルのように組み合わさってできています。それぞれの骨は関節ではなく「縫合」によってくっついています。縫合の稼働領域は0.8ミリとごくわずかですが、可動することによって血液やリンパの流れを助けています。

しかし、生活習慣の中でクセや姿勢などによる偏りがあると、23個の骨がだんだんとずれてしまいます。ずれが起こると、顔が大きくなり、そのままにすると可動が阻害されます。結果、血行やリンパの流れが悪くなってしまい、老廃物も滞りやすくなってしまうのです。

ですから、整った顔立ちの小顔は、本来の頭蓋骨の大きさだけでなく、生活習慣による頭蓋骨のバランスが重要になってくるのです。

フェイスラインも変えられる!

顔が特別大きいわけじゃないけれど……この「しもぶくれ」どうにかしたい!

フェイスラインがぼやけてきたのは「たるみ」のせい?

体重を落としてもプクプクの「丸顔」。少しくらいシャープになりたい……。

もしかすると、顔の大きさ以上にフェイスラインをなんとかしたいと思っている方もいらっしゃるかもしれません。

そもそも頭蓋骨は大小だけでなく形も遺伝の影響を受けます。

しかし、フェイスラインに悩みを持っている方の多くが、老廃物や筋肉のコリ、むくみなど、後天的な要素が原因ということがほとんどです。ですから、本書で紹介する方法によって十分、フェイスラインを変えていくことができます。

ちなみに20代の頃の私は、パンパンに張った丸顔がイヤでイヤで仕方ありませんでした。でも美骨を目指して自分に実験を重ねていくうちに、卵型のフェイスラインになっていたのです。ですから、フェイスラインにコンプレックスがあっても諦めないでください。きれいになりたいという気持ちは、顔に現れてきますから。

実は逆効果!?

1

小顔の真実

逆効果

鏡を見ながらのマッサージやエクササイズが小顔を遠ざける

小顔への近道

エクササイズは〝寝ながら〟行う！

小顔マッサージや顔の筋トレを試したことがある人は多いのではないでしょうか？

その時、どうやって行っていますか？

多くの方は「鏡」を見ながら行うのではないでしょうか？

エクササイズ自体は悪いものではありませんし、顔をじっくり見ながら取り組むのは良いことだと思います。

しかし、このやり方では顔を大きくする原因である〝ゆがみ〟のある状態。しかも、鏡をのぞきこむような顔を突き出した状態や猫背の姿勢では背骨もゆがみ、せっかくのエクササイズも効果半減。

本来であれば、「顔のクセ」や「筋肉のこわばり」を取り除いていきたいので、筋肉をゆるめた状態にしてあげたほうがいいのです。

マッサージやエステで〝小顔効果〟を感じられるのは、プロの技術だからというだけではありません。〝施術を寝かせて行う〟からです。

なぜ施術を寝かせて行うかというと、寝た状態はリラックスしやすいので、筋肉のこわばりが取れやすく、リンパの流れや血流を良くする効果があるからです。

さらに顔だけでなく体のゆがみが出にくい体勢でもあります。

じつは、顔は骨盤や背骨の影響も受けます。

頭蓋骨は背骨と連動して骨盤とつながっているので、骨盤が開くと頭蓋骨も広がります。ほかにも、骨盤が後傾していると、背中が丸まり、猫背になることで首が前に突き出た状態を引き起こします。頭が垂れた状態では顔まわりの筋肉はうまく働かず、血流やリンパの流れも悪くなってしまいます。

だからこそ、寝た状態になることで、骨盤や背骨のゆがみを正した状態を取り戻すことが大切なのです。

また、骨は力をかけたからといって正しい位置に整うわけではありません。

ゆがんでいるとは「力が入ってズレが生じた状態」とも言えます。

小顔を取り戻すことは、ゆがみを正していく作業なので、不必要な力を入れるということは「違った方向にずれを引き起こす原因」になることもあります。

ですから、力を入れにくい「寝た状態」なら、過度な力による新たなズレを引き起こすことも防げるのです。

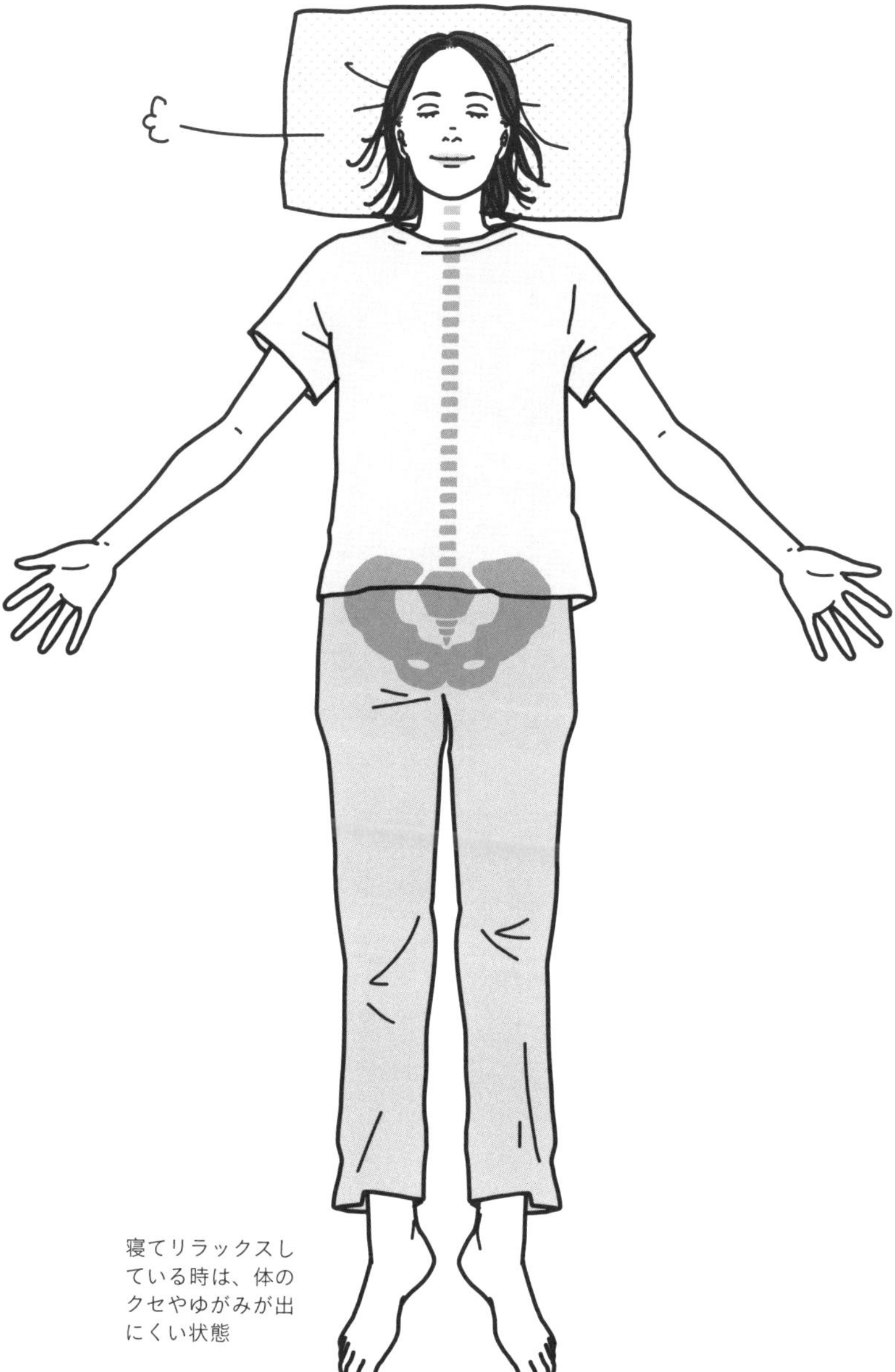

寝てリラックスしている時は、体のクセやゆがみが出にくい状態

実は逆効果!?

2

小顔の真実

逆効果

ギュウギュウ力強く顔を押し込む

小顔への近道

じんわり〝気持ちいい圧〟が大切!

小顔エクササイズというと、小さくなれとばかりに力をギュウギュウ入れて行っている人もいるかもしれません。痛みがあるくらいのほうが〝効いている〟感じがするからでしょうか。

しかしこれでは、かえって一部分だけ圧力がかかり、ズレが助長されてしまいます。また、顔の骨は脳を守る役割も担っています。脳はただ骨の中に収まっているのではなく、脳脊髄液の中に一定の圧力で安定して浸っています。ですから強く押すことによって圧が変動すると、頭痛やめまい、吐き気や自律神経失調、うつなどを引き起こすこともあります。

さらに強い力が加わることによって、筋肉に余計な断裂などが入ると、しわの原因にもなりえます。

小顔エクササイズをする時の力加減は、強ければ強いほどいいというわけではありません。力を加え過ぎていても、弱すぎていても、その効果を十分に得ることが難しいでしょう。

どれくらいの力加減かといえば、「力を抜いて」「適度な強さで」「ムリなく」。これはマッサージの説明などでよく見かける表現かもしれませんが、実際に行おうとすると、どれくらいが適度でムリなく、力が抜けている状態なのかはわかりにくい方が多いと思います。実際に私のサロンでもご相談いただくことがあります。

そんな時、ちょうどいい力加減は〝手の重みを感じる程度〟ということをお伝えしています。片腕の重みは体重のおよそ6％。体重50キロで3キロくらいです。

寝た状態でエクササイズを行うと、手の重みだけを使えるので無理な圧がかかりません。思いっきり力を入れることが難しい代わりに、じんわりとちょうどいい重みを利用することができるのです。

頭蓋骨に対するゆがみの矯正はこの程度の圧で十分です。今までギュウギュウと力いっぱい小顔マッサージに取り組んでいたのでしたら、すぐに力加減を見直してみてください。「痛い＝効いている」というわけではありませんよ。

じんわり気持ちいいくらいの圧で、骨や筋肉への刺激は十分

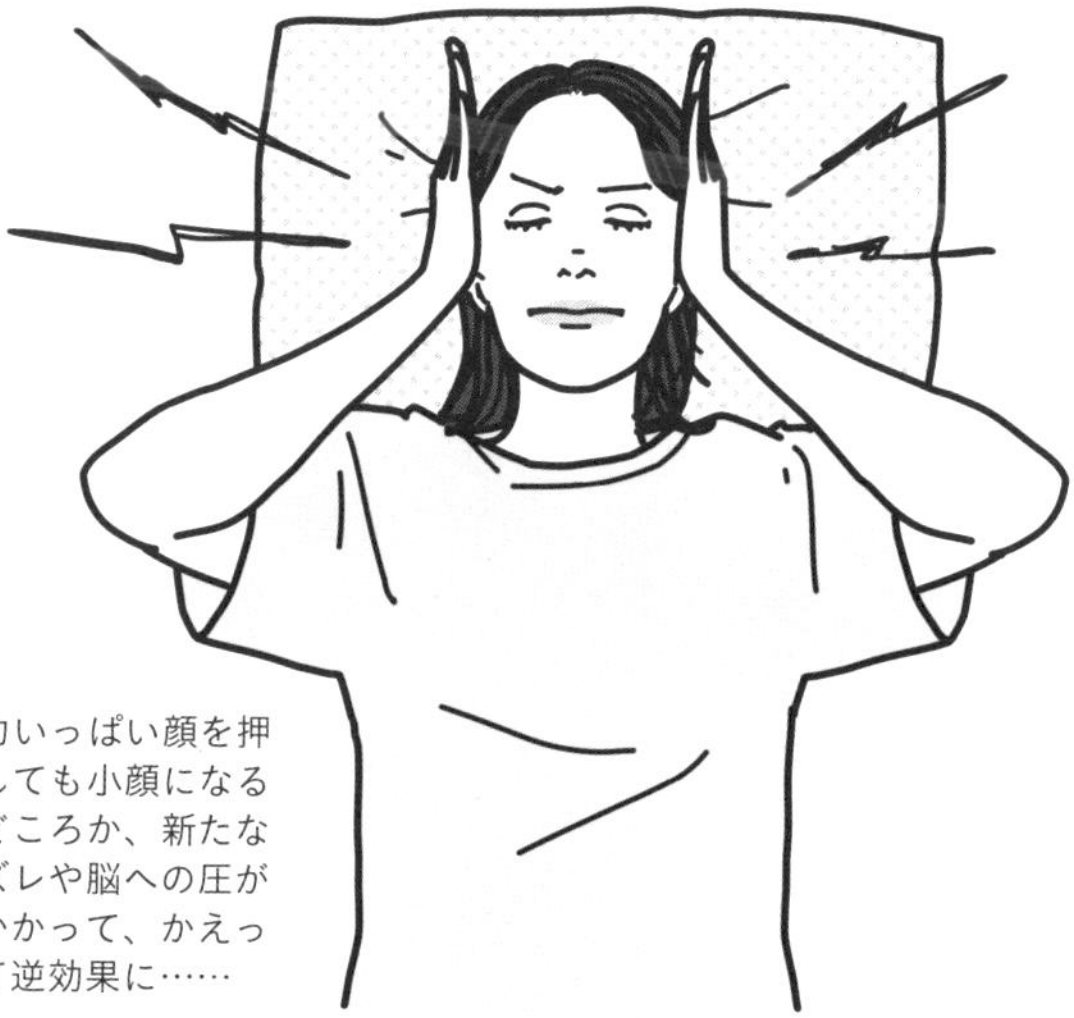

力いっぱい顔を押しても小顔になるどころか、新たなズレや脳への圧がかかって、かえって逆効果に……

実は逆効果!?

3

小顔の真実

逆効果

エクササイズやエステをしているから
もう大丈夫

小顔への近道

ゆがみのもとは
日常生活からも断つ!

小顔矯正に行って効果があったけれど、あっという間に元に戻った……。

美容器具を使ったりエステなどに通っているのになかなか効果がでない……。

〝顔〟だけに手をかけていても小顔にはなりません。

先ほども説明した通り、頭蓋骨は23個の骨がパズルのように組み合わさってできています。

しかし、多くの方が〝ゆがむ生活〟をしているのが現状です。

頬づえをつく、スマホでSNSや動画を見る、歯を食いしばって仕事をがんばる、横向きになって眠る……。日常生活の中で、同じような行動をとっている人も多いのではないでしょうか？

じつはこれ、どれも〝デカオ〟を生み出す習慣です。生活習慣の中で偏りをもたらすクセや姿勢などがあると、23個の骨がだんだんずれてきてしまいます。このようなズレが起こると筋肉の動きが阻害されたり、リンパの流れや血流が悪くなり、老廃物が滞ってしまいます。

これでは、いくらマッサージやトレーニングで骨や筋肉にアプローチしても、ゆがむ生活習慣をしていると小顔を手に入れることは難しいでしょう。

そこで、顔へのアプローチに加えて、自分が日々どのような姿勢や習慣を取っているのか気づくことが大切です。

「頬づえは顔のズレをつくる」ということを理解しておくだけでも、ちょっと頬づえをついた時に「やめておこう」という意識を持てるようになるでしょう。

これまで無意識に行っていた〝デカオ習慣〟を〝小顔習慣〟へ変えることができれば、どんどん小顔へと近づいていくことでしょう。さらに、小顔習慣が身につけば、たとえ顔へのアプローチをやめたとしても、デカオへのリバウンドはしにくくなるのです。

また、小顔習慣はたんに小顔をつくるだけではありません。骨や筋肉、リンパ、血行までアプローチする事になるので、年齢を重ねるごとに増えていくたるみや崩れなども防いでくれます。

猫背や頬づえなど、無意識のうちにやっている“デカオ習慣”はありませんか？

実は逆効果!?

結論!

小顔の真実

〝がんばらない〟習慣で小顔はつくることができる!

小顔になるには、とにもかくにもがんばりすぎないこと。小顔習慣をいかに日常生活に組み込めるかが大切になります。

エクササイズは全力で行わず、寝ながらリラックスして行うことが大切ですし、顔へのはやる気持ちは抑えて、まずは骨盤と背骨を整えていくことも重要です。全身がフラットになったところで、顔へのエクササイズを行いますが、忘れてはいけないのが「自分の顔のゆがみ」を知ること。

小顔はすべてのエクササイズをまんべんなく行うよりも、ダイレクトにゆがみへアプローチするのが近道です。しっかりと自分の顔を確認して、どこにゆがみがあるのか確認。ゆがみタイプにあったエクササイズを行いましょう。

さて、せっかくエクササイズをして小顔になりつつあるのに、頬づえをつきながらスマホを見ていたり、ギューッと奥歯をかみしめながら仕事をしていては努力も水の泡。ゆがみのない生活習慣はそれだけで筋肉を正しく使え、リンパや血流をよくしてくれます。いわば、ふだんの生活が小顔トレーニングのようなもの。

一生〝いい顔〟でいるためにも、ゆがませている習慣に気づくこと。ただそれだけでもゆがませ習慣をしないように意識ができます。

人は大部分の行動を無意識に行っています。ですから「気づく」「意識する」ということが大切です。意気込んでがんばることほど続きませんからね。無理のない積み重ねが続くことで、ゆがみのない習慣が当たり前のものとして身につくことでしょう。

最初は「ほんとにこんな簡単なことで効果あるのかな」と半信半疑でした。

でも、一回で眉の高さがそろいました！

たった３日間で頬のたるみがぐっと上がりました。

美容もダイエットも３日坊主の私が「続けたい！」と１日に３回ずつ取り組み、一週間。顔全体が引き締まってきて目も大きくなったように思います。

また、左右のゆがみを直すエクササイズのおかげか、今まで左右のバランスを取るのに苦労していた眉の高さがそろい、メイクがすごく楽になりました。肌も締まって艶がでてきたように感じます。簡単でも続けることで確実に効果がでることを実感しました。

たった3日で頬のたるみがなくなった!!

Aさん（50代、主婦）

実践した方々の喜びの声！

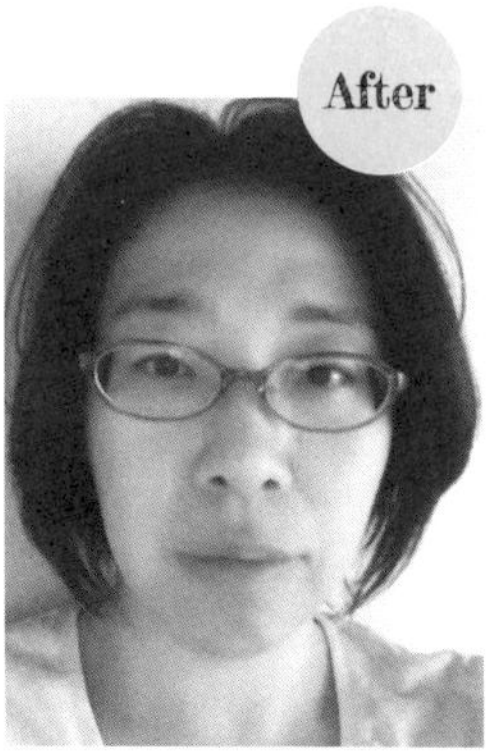

顔がしまるのを実感!

Yさん（40代、会社員）

普段、眼鏡をかけることが多いので左右の高さの違いや締まりのない感じが気になっていました。しかも、それは顔、ひいては身体のゆがみもあるという事は重々承知していました。

１日目はゆがみのあるほうを多めにエクササイズしました。2日目、3日目……自分で撮影した写真を見ても変化がなく、エクササイズ自体を私が間違えたかな？と不安になりました。4日目…お風呂あがりに行った時に、「動いた！」という手ごたえがありました。そこから顔を小さくするエクササイズなどでも皮膚、筋肉、その奥の部分がわずかながら柔軟に動いてきているのを感じられるようになり、顔が広がっていたのが閉まる感覚やスッキリすることも感じられました。本当にありがとうございます。

気になっていた目元のクマが改善!

Hさん（40代、自営業）

年齢と共にたるんでくる顔と目の下のクマをなんとかしたいと思っていました。

エクササイズ自体は簡単だったのですぐに方法を覚えてしまい、エクササイズをするたびに骨を動かす感覚がつかめてきました。

やる前とやった後では明らかに顔が上がったり動いているのがわかり骨で自分の顔のケアができるんだと感じました。今では気づいた時に、ちょいちょいと行っています。

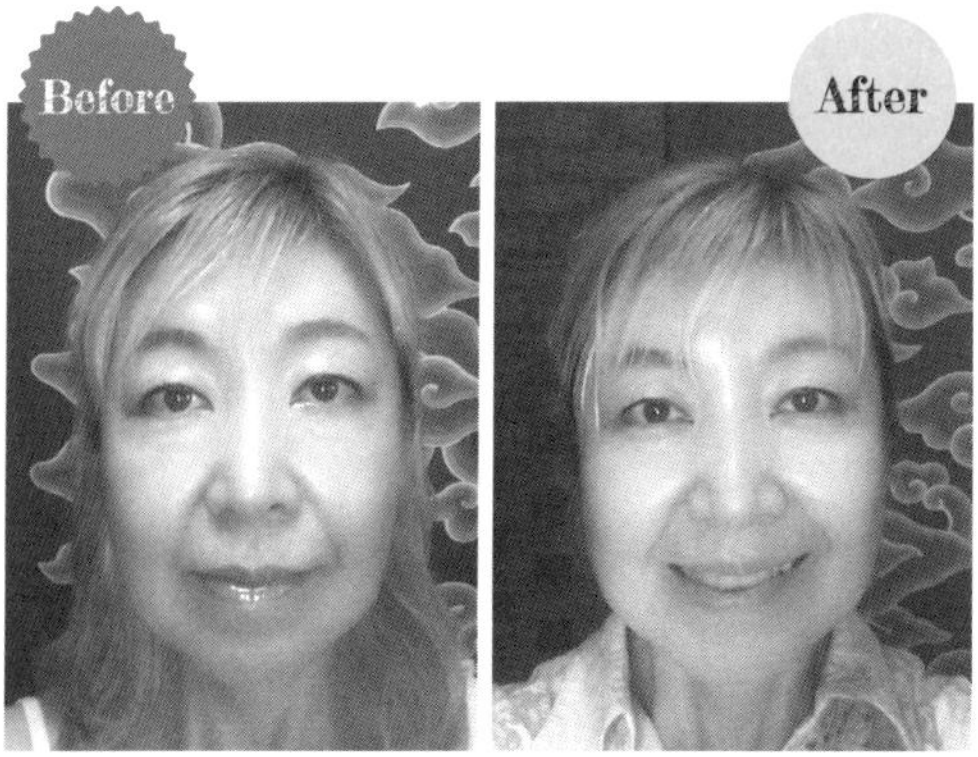

肌まできれいに!

Kさん（50代、会社員）

私は、20代から顔のゆがみを気にしていました。歯の噛み合わせも悪く、あごが右に流れています。食べ物を左で噛むくせがバランスを悪くしているのがわかりました。1日わずか、1〜2分の手技を教えて頂き、一週間行いました。下がっていた右の目元が少しずつ上がり、右に流れていたあごのラインも徐々になくなってきたのがわかります。同時に、顔のむくみや、色も、良くなってきたのもわかりました。5日目には、人から、肌が半端なく綺麗ですね!! と言ってもらいました。寝トレもあわせて行ったところ、効果が倍増したように感じます。お金もかからないし、横になる場所があれば気軽にできるのが続けられるポイントですね。

フェイスラインもすっきり!

Kさん（50代、自営業）

体験する前は、顔の大きさがコンプレックス。仕事も忙しくて化粧やスキンケアもほとんどせず、鏡を見る暇もなかったので、コロナでZoomをすることになった時に、自分の顔がものすごく劣化していてびっくりしました。特に、口元の口角が下がっていて……。顔のバランスも右と左ですごく違っていたので本当にショックでした。

エクササイズ後は、左右のバランスがあまり気にならなくなりました。口元もなるべく口角を上げるように意識するようになり、顔全体を映すのに抵抗がなくなりました。

ありがとうございました。

お悩みターゲット

狙い撃ち！

小顔の天敵「しもぶくれ」

食いしばりが原因！

あごから頬にかけてふっくらとしたシルエットを持つ「しもぶくれ」。正面から見ても、横から見てもふっくらとした印象を与えてしまう小顔の天敵でしょう。

この「しもぶくれ」はあごまわりに水分や老廃物、脂肪などがたまることによって起こります。知らず知らずのうちに肩や奥歯に力が入っていることはありませんか？　じつはこれが、あごまわりの筋肉、特に咬筋《こうきん》、広頸筋《こうけいきん》などを硬くしてしまいます。

また、パソコンやスマホなどを見る機会が多くなると、前かがみの姿勢となり、下あごが出やすくなってしまいます。肩、首の疲れから血液循環が悪くなると、あごまわりにたまった老廃物を流すことができなくなります。

このように、奥歯の食いしばりや下あごのズレ、首や肩のコリは耳下腺リンパ節、頸部リンパ節、鎖骨上リンパ節などに影響してリンパを滞らせてしまいます。たまった老廃物はむくみや脂肪の蓄積をつくり、結果、立派なしもぶくれになってしまうのです…。

しかし、これだけ原因がはっきりとしているのですから、筋肉のコリをつくる習慣に気をつけ、コリや滞りを取り除くエクササイズをしてあげればOK！　四角い顔でお悩みの方にも効果的です。

第2章

実践！
小顔エクササイズ

「即小顔」を実現する3つのステップ

小顔の仕組みがわかってきたところで、さっそくエクササイズを行っていきましょう。なんだか効果がありそうだからと、あれもこれも行うのではなく、まずは左のステップの順番に行っていきましょう。

「即小顔」を実現する

Step 1

ゆがみタイプをチェック

顔のゆがみにあったエクササイズを行うためにも、まずは自分の顔、体をチェックしていきます。

「即小顔」を実現する

Step 2

全身を整える

特に骨盤のゆがみは顔のゆがみに通じます。
全身を整えフラットな状態にすることで
顔へのアプローチもより効果的になります。

「即小顔」を実現する

Step 3

顔のゆがみを整える

体が整ったことで顔のゆがみも整いやすくなっています。
あなたの顔に合わせたエクササイズを行いましょう！

「即小顔」への道

Step 1 ゆがみをチェックする

あごまわりが気になる、まんまるなシルエットをどうにかしたい……。ひと口に小顔といっても、顔の悩みはさまざま。

まずは、小顔を阻む原因を正しく知ることが大切です。

全身が映る鏡を用意して、力を抜いてまっすぐ立った状態で顔、体がどうなっているかチェックしていきましょう。

次のページから、それぞれの原因に基づいたチェック項目があります。当てはまるものが、あなたの持つゆがみになります。チェックの多いものではなく、ひとつでも当てはまれば該当していることになるので、それぞれのエクササイズを行うようにします。

あてはまる項目が多くても悲しまないでください。それだけ、もっと美しくなれるということなのですから！

MIZUNO

あてはまる項目はありますか？

- [ ] **頬骨の出方に左右差がある**
  ▶ へこんでいるほうにねじれている
- [ ] **顔の向きやすさに左右差がある**
  ▶ 向きやすいほうにねじれている
- [ ] **耳の見え方が違う**
  ▶ より隠れているほうにねじれている
- [ ] **視力に左右差がある**
  ▶ 視力が悪いほうにねじれている
- [ ] **鼻の中心からの左右の幅が違う**
  ▶ 狭いほうにねじれている
- [ ] **どちらかの肩が前に出ている**
  ▶ 肩のラインと同じ方向にねじれている
- [ ] **横向き、もしくはうつぶせ寝をしている**
  ▶ 顔が上になっているほうにねじれている

チェックがついた人は……

ねじれ TYPE

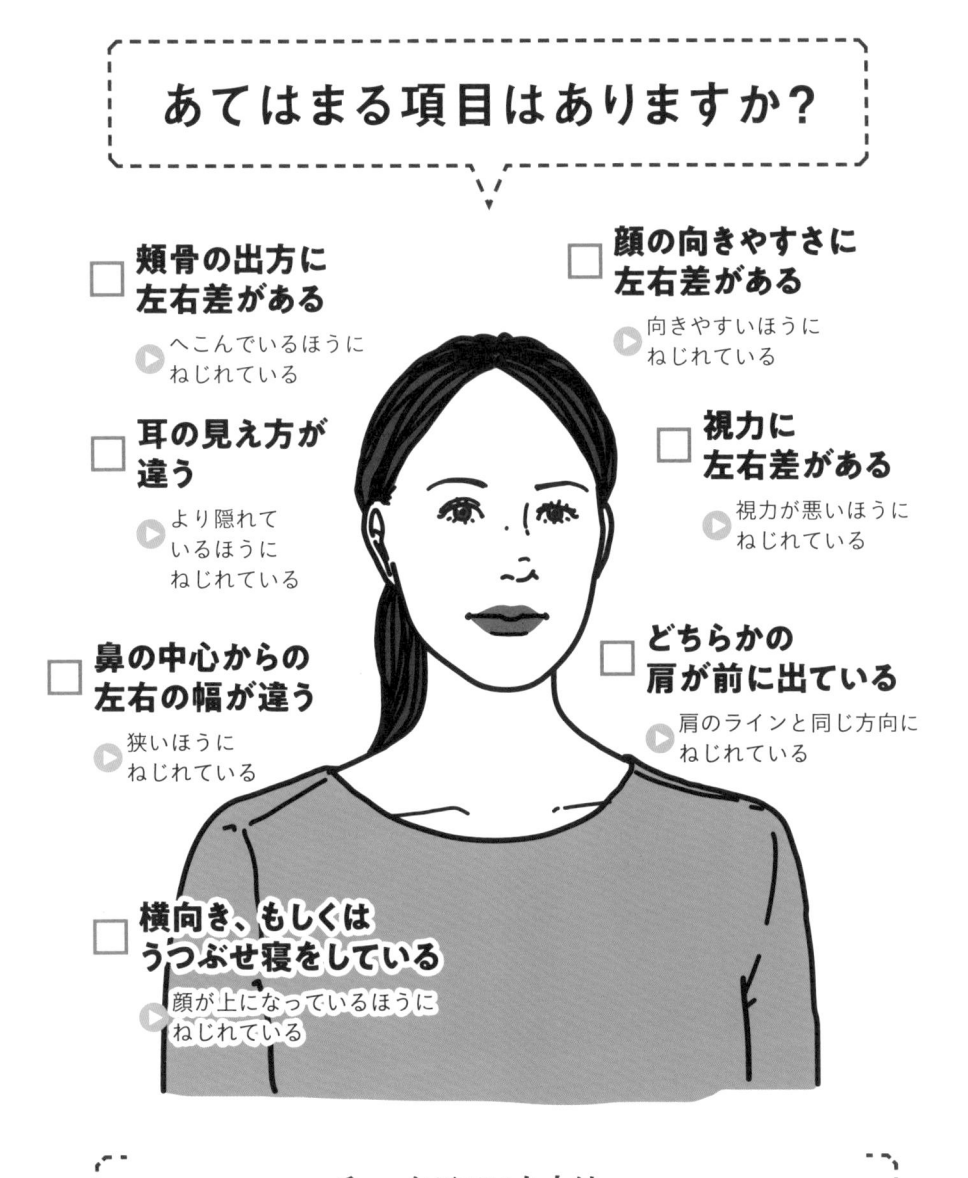

ねじれタイプは…

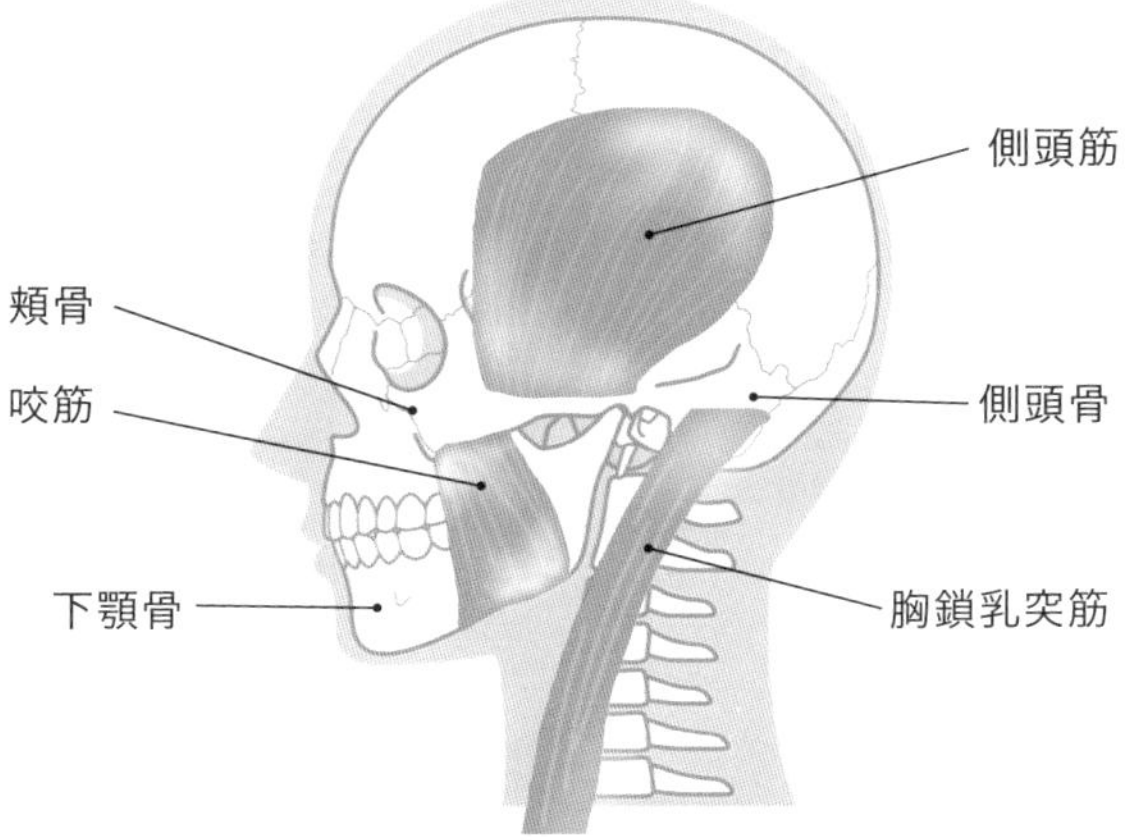

顔の向きやすさに左右差があるのは、片側の主に胸鎖乳突筋《きょうさにゅうとつきん》や首回りの筋肉が縮み、頸椎《けいつい》の二番目が正しい位置からズレているためです。この影響を受け、側頭骨が後ろに引っ張られることで、耳が正面から見えにくくなります。

さらに、片側の主に側頭筋が縮むことで頬骨《きょうこつ》が後ろに引っ張られるのでへこんでいるように見えます。ほかにも側頭筋や咬筋《こうきん》が縮む影響で目の周りや鼻の周りの筋肉も引っ張られ、鼻骨が引っ張られるほうにゆがみやすくなります。また、視力に影響する毛様体筋《もうようたいきん》が緊張する影響で片方の目のまわりや顔全体が凝ったり縮んだりしてしまいます。

上半身が片方にねじれていると、同じ方向で顔もねじれやすくなります。うつぶせ寝をすることは頸椎が横にゆがんでいる状態です。下になる側の下顎骨《かがくこつ》も床に押し付けられる形でゆがんでしまいます。

p56のエクササイズへ

あてはまる項目はありますか？

- □ **顔を傾けていることが多い**
  ▶ 傾けているほうを見つける
- □ **目の大きさが左右で違う**
  ▶ 小さいほうを見つける
- □ **まゆの高さが左右で違う**
  ▶ 下がっているほうを見つける
- □ **片方だけほうれい線ができている**
  ▶ できているほうにズレが
- □ **頬骨の高さが左右で違う**
  ▶ 下がっているほうを見つける
- □ **口角が左右で違う**
  ▶ 下がっているほうを見つける
- □ **肩の高さが左右で違う**
  ▶ 肩が下がっているほうを見つける

チェックがついた人は……

高さのズレ TYPE

高さのズレタイプは…

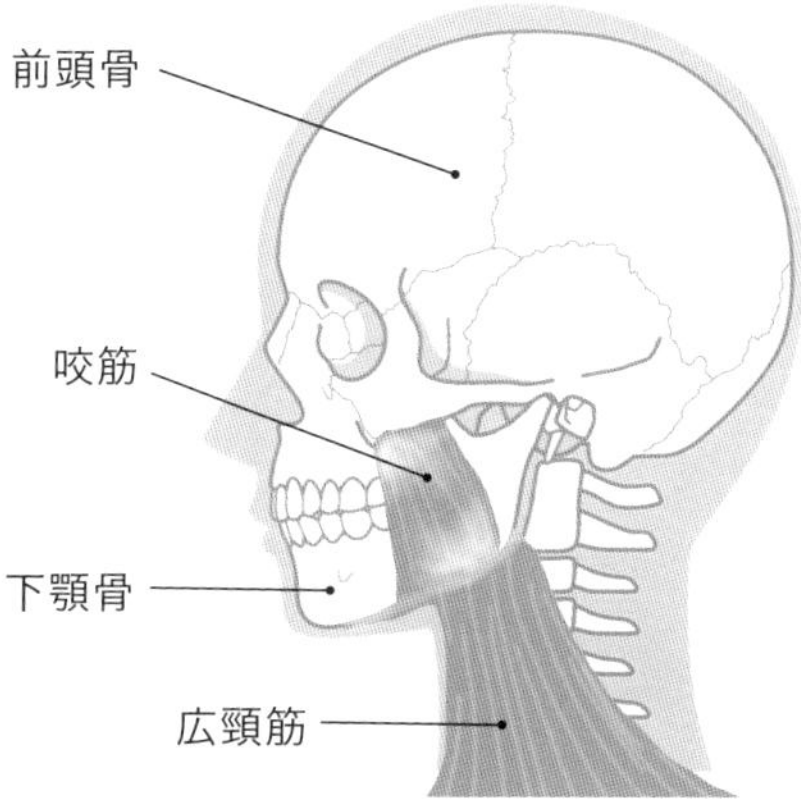

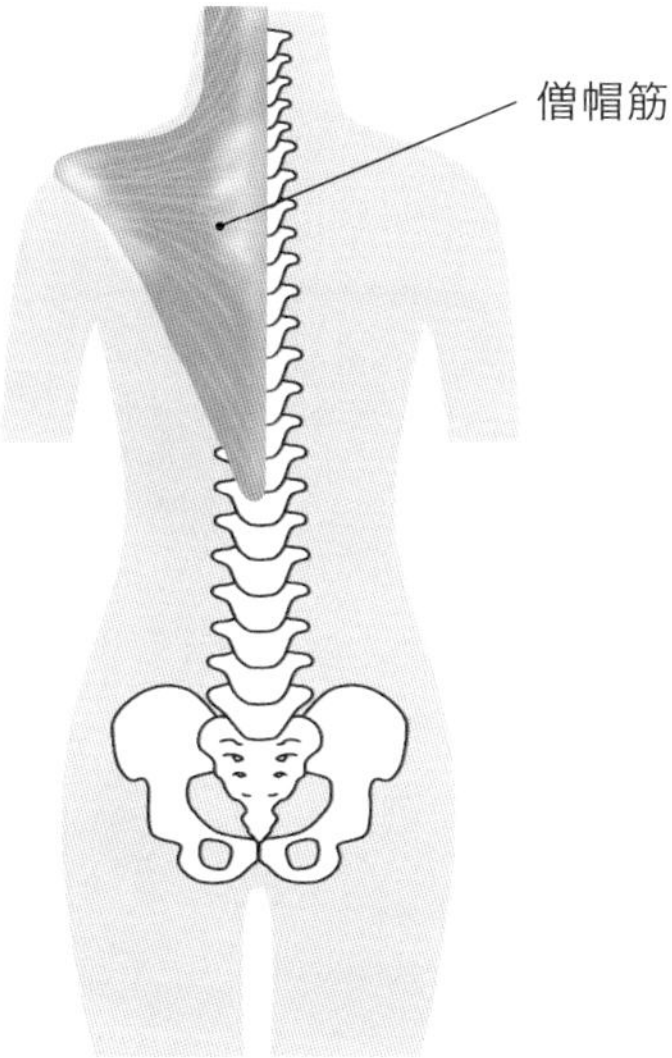

目の大きさや眉の高さが違うのは、前頭骨が下にゆがむことでまぶたが下がるからです。また、片方の咬筋と広頸筋《こうけいきん》が縮み、下に引っ張られて、下顎骨が下にゆがむと口角の高さや頬骨の高さに左右差がでたり、片方だけにほうれい線ができてしまいます。
顔が傾いているのは僧帽筋《そうぼうきん》と胸鎖乳突筋が縮むためです。肩の高さが左右で違う人は、僧帽筋がゆるみ、上がっている側は僧帽筋が縮んでいる状態にあるといえるでしょう。

p58のエクササイズへ

あてはまる項目はありますか？

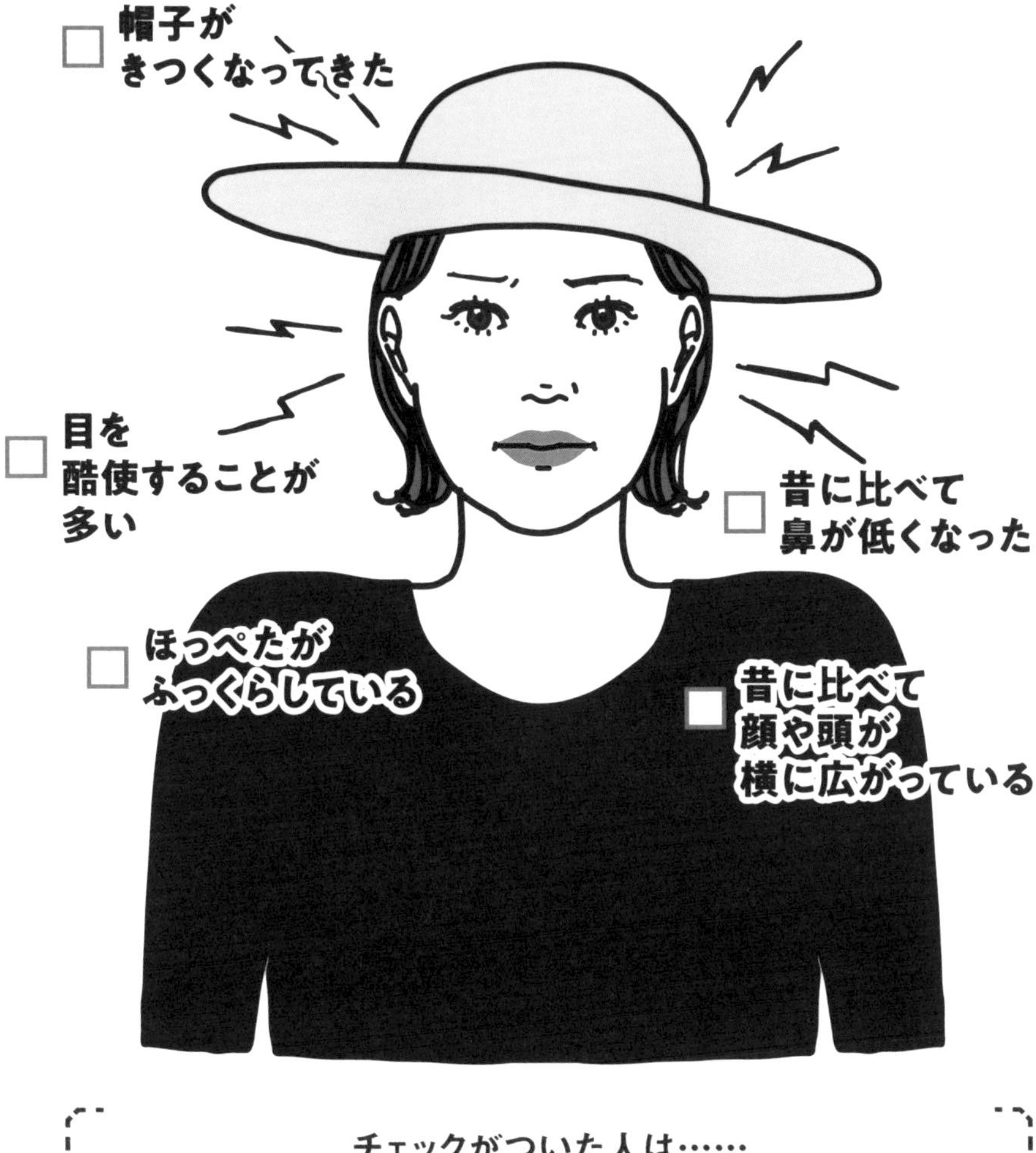
□ 帽子がきつくなってきた
□ 目を酷使することが多い
□ 昔に比べて鼻が低くなった
□ ほっぺたがふっくらしている
□ 昔に比べて顔や頭が横に広がっている

チェックがついた人は……

横への広がりTYPE

横への広がりタイプは…

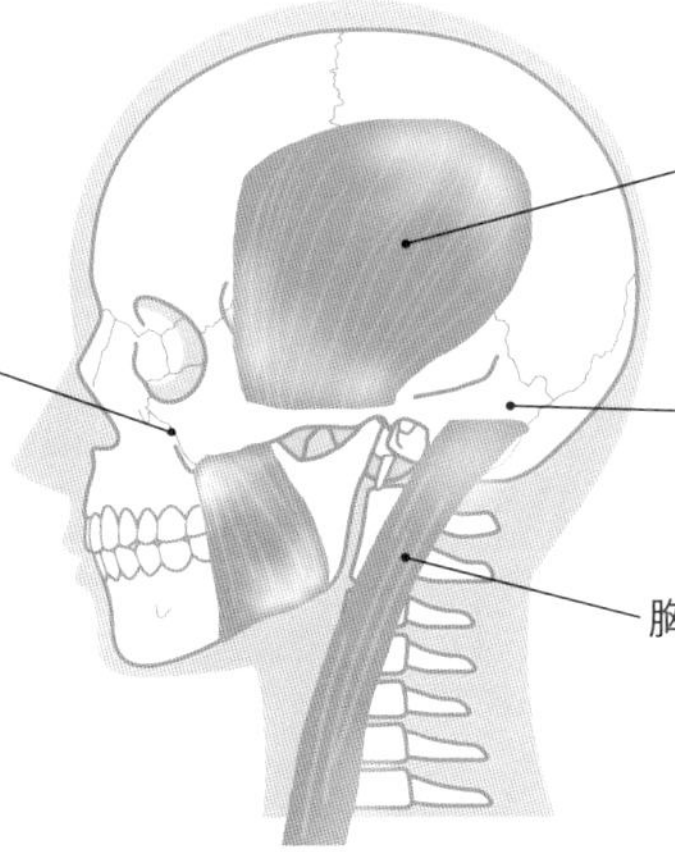

肩や首に力が入ることが多い人は、胸鎖乳突筋が引っ張られ、側頭骨周辺に力が入り、顔や頭が横に広がってしまうようです。さらに側頭筋が硬く厚くなっていたり、側頭骨が外にせり出ていると、昔の帽子をきつく感じるなど実際の広がりを感じるシーンがあるでしょう。肩や首のコリはあごや頬骨がゆがみ、リンパの流れを滞らせやすく、ほっぺたをふっくら見せやすくするでしょう。
頬骨が横に広がってしまうと、鼻の筋肉が左右に引っ張られることで、鼻骨自体が奥へと押し出され、昔に比べて鼻が低く感じるようになります。

p60のエクササイズへ

あてはまる項目はありますか？

- □ 食いしばりや歯ぎしりをしている
- □ エラが張っている
- □ あごのラインがゆるんでいる
- □ 下の歯のほうが前に出ている
- □ 肩に力が入ることが多い
- □ あごが前に出る姿勢を取ることが多い

チェックがついた人は……

前方へのズレ TYPE

前方へのズレタイプは…

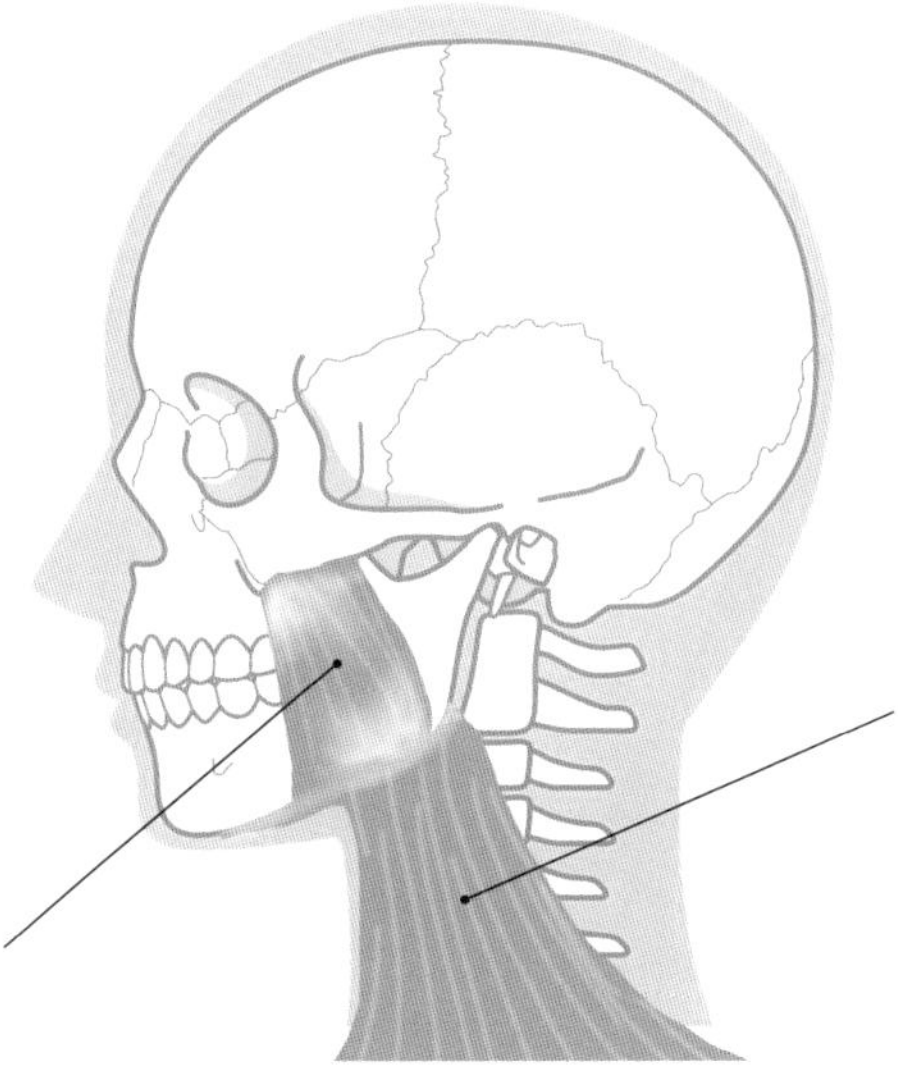

食いしばりや歯ぎしりはあごに力が入った状態。これによって咬筋が凝り固まって縮み、あごが前に引っ張り出ることになります。広頸筋じたいも分厚くなると、エラが張った状態になってしまいます。

広頸筋が縮み、下あごが前にでがちになると、結果的にあご先と首元の間に隙間ができます。そのため、あご下の皮膚がゆるむ、あごのラインがゆるんできたり、下の歯が前に出ている、受け口になってしまいます。

p62のエクササイズへ

あてはまる項目はありますか?

- □ 目が腫れぼったい
- □ まぶたが重い
- □ 悩みごとが多い
- □ 口角が下がっている
- □ 昔に比べ目じりが下がっている
- □ 下を向く姿勢が多い

チェックがついた人は……

下方へのズレTYPE

下方へのズレタイプは…

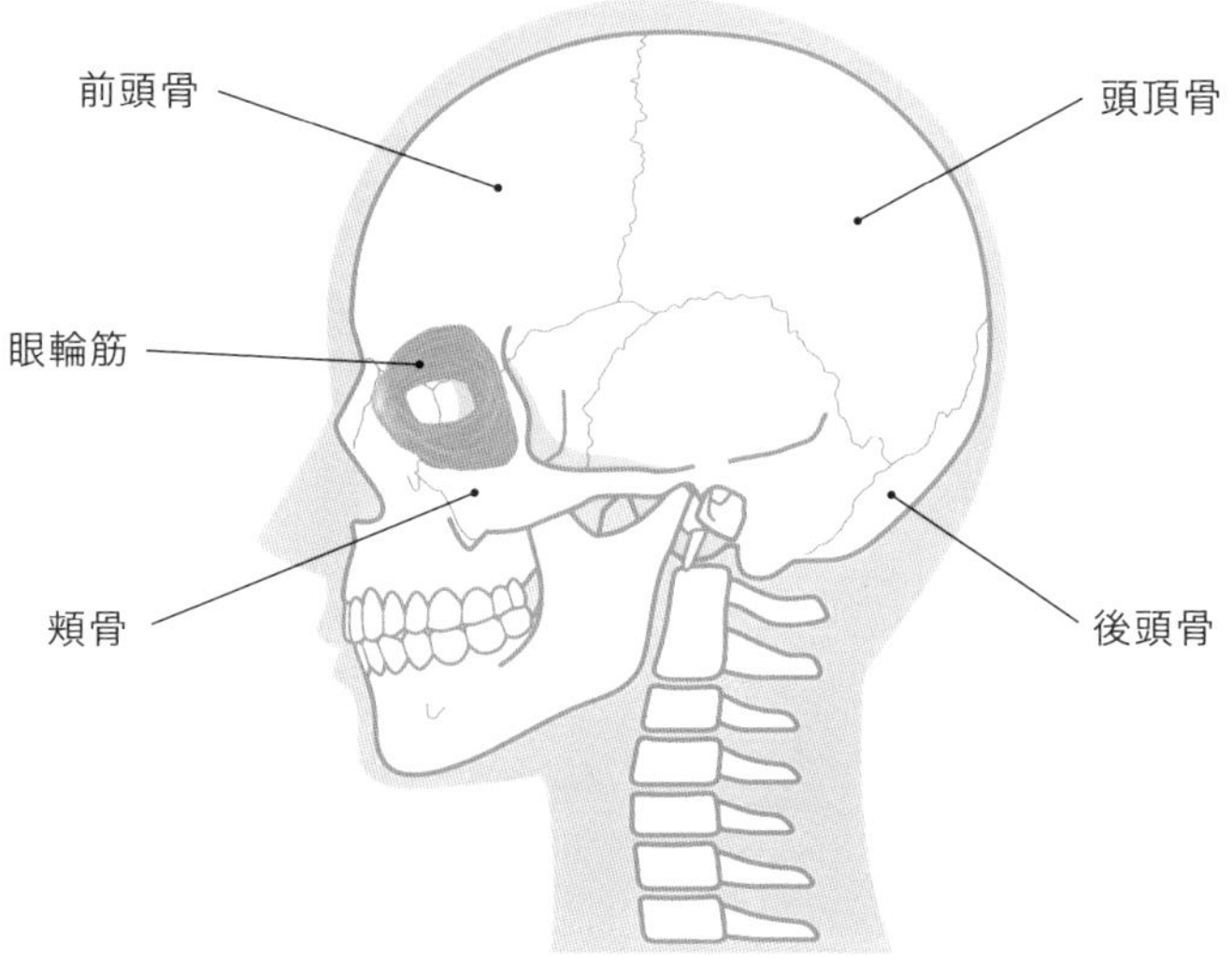

目が腫れぼったかったり、まぶたが重いタイプの人は、前頭骨が下にゆがむことでまぶたが下がり眼輪筋《がんりんきん》が衰えている状態です。眼輪筋は頬骨や側頭骨が下がることで下に引っ張られることもあります。昔に比べて目じりが下がっているなら要注意です。
特に下を向く姿勢が多いと、前頭骨が下がって、頭頂骨・後頭骨が上がりやすくなってしまいます。

p64のエクササイズへ

Step 2 全身を整える

どうして小顔になるために「全身」を整える必要があるのか不思議に思った人もいることでしょう。

実は、顔の大きさと全身の要である「骨盤」は大いに関係があります。頭蓋骨は背骨と連動して骨盤とつながっているので、連携している筋肉によって骨盤が開くと頭蓋骨も広がります。さらに、骨盤が傾いていると背骨もゆがみ、筋肉がうまく働かず、血液やリンパの流れも滞ることになってしまうのです。

そこで、顔のエクササイズを行う前に、寝ながら全身のゆがみを整えるトレーニング「寝トレ」を行いましょう。〝寝た状態〟は体のくせが出にくいうえ、筋肉や骨を動かすには「リラックス（＝寝る）」が一番。じつは骨は筋肉にくっついているので、筋肉がかたくなっている時は骨を動かすのが難しいのです。

全身を整える寝トレ 1

ねじれ矯正

骨盤のねじれを取ります。

1 あおむけになり 手は肩の位置へ

2 片脚を反対脚側へ

息を吐きながら脚を反対側へ。腰がしっかりねじれていることを意識しましょう。顔はねじりとは逆を向きます。呼吸に合わせて息を吸いながら元の位置に戻します。2～5呼吸分ほど、呼吸に合わせて行いましょう。反対脚も同様に行います。

腰・背中は
浮いてもOK
息を
吐きながら
肩は
浮かせない

全身を整える寝トレ2

C字曲げ

骨盤の傾きを整えます。

1 あおむけになり手を頭の上に

2 Cの字になるように手足を傾ける

息を吐きながら手足をCの字になるように傾けていきます。骨盤と肋骨を引き離していくイメージです。息を吸いながら力を抜き、吐きながら傾きを深めていきます。呼吸に合わせて2～5回行います。反対側も同様に行いましょう。

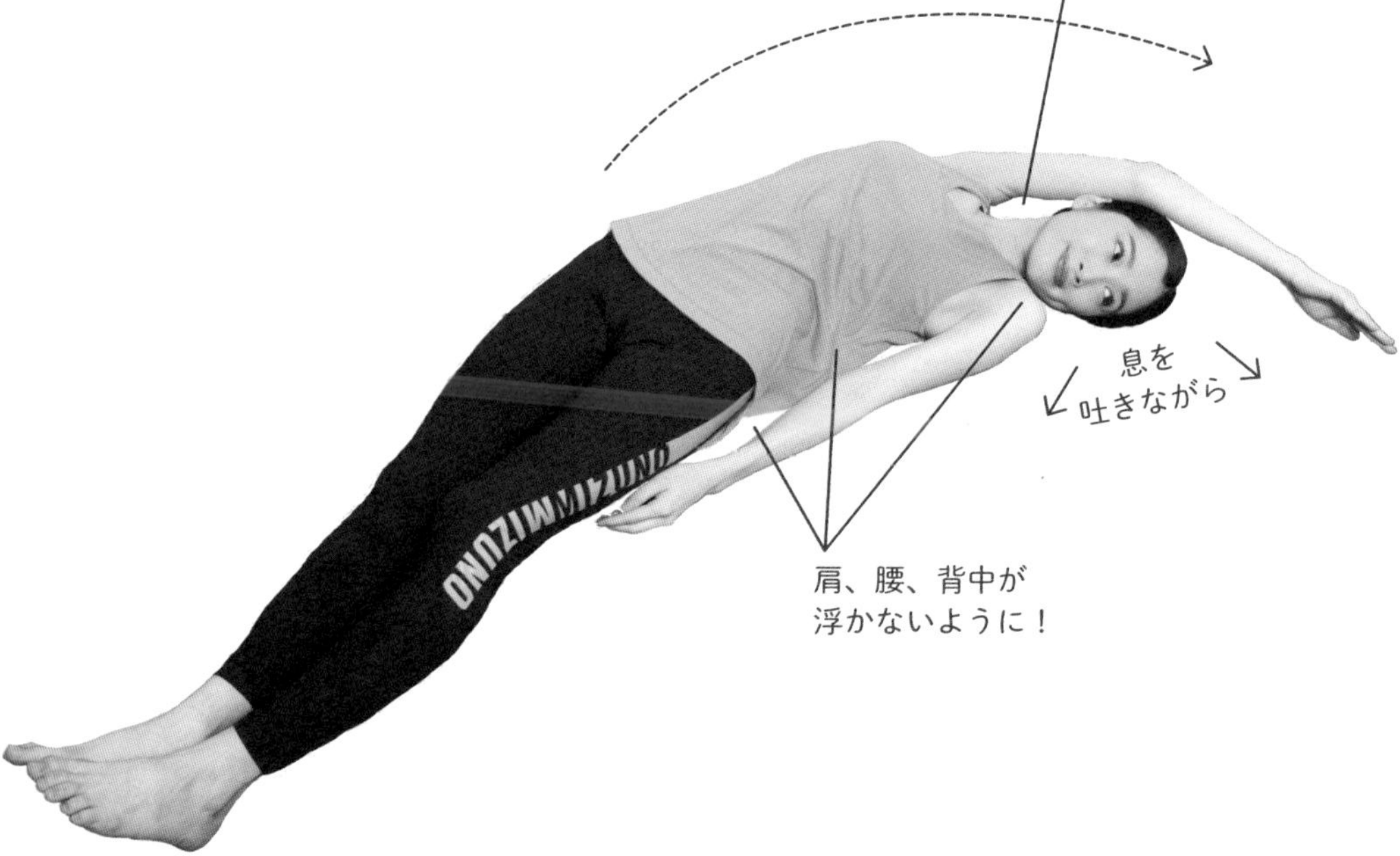
首からしっかり
傾ける
息を
吐きながら
肩、腰、背中が
浮かないように！

全身を整える寝トレ3

丸める・そらす

骨盤の前傾・後傾を正す方法です。

1 あおむけになりひざをたてる

息を吐きながらお腹を天井のほうへ持ち上げるように骨盤を前傾させます。この時、下あごを上げ、頭頂を床に押し付けるようにします。息を吸いながら腰をもとの位置に戻し、吐きながらお腹をのぞき込むように腰をおとしていきます。呼吸に合わせて2～3回行いましょう。

2 お腹を上げるように腰をそらす

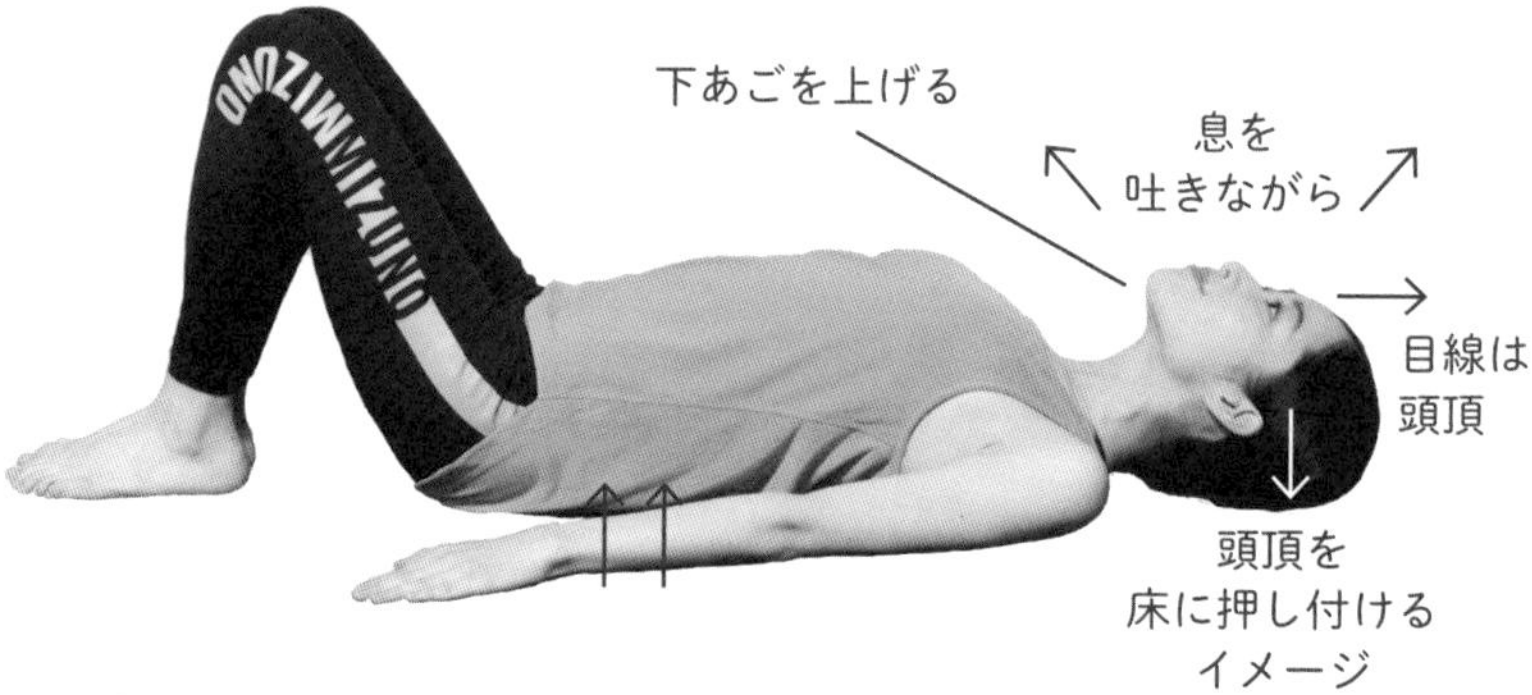
下あごを上げる
息を
吐きながら
目線は
頭頂
頭頂を
床に押し付ける
イメージ

3 腰をもとに戻す

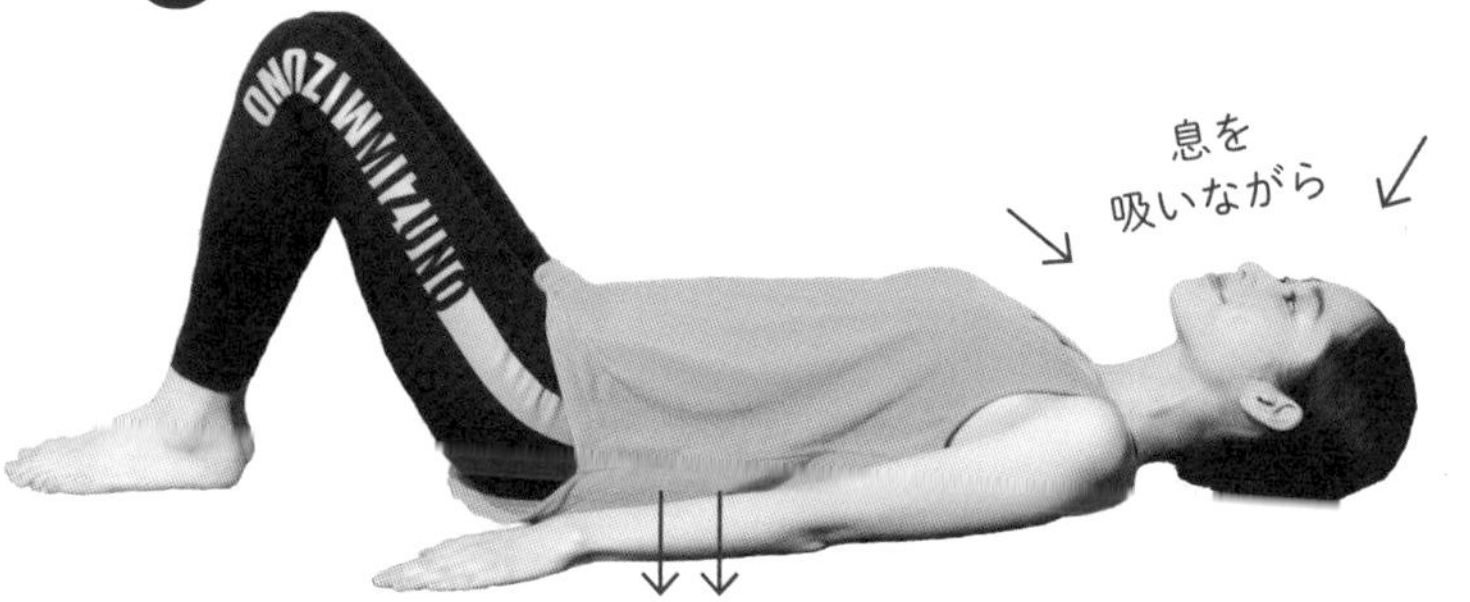
息を
吸いながら

4 お腹をのぞき込むように腰を落とす

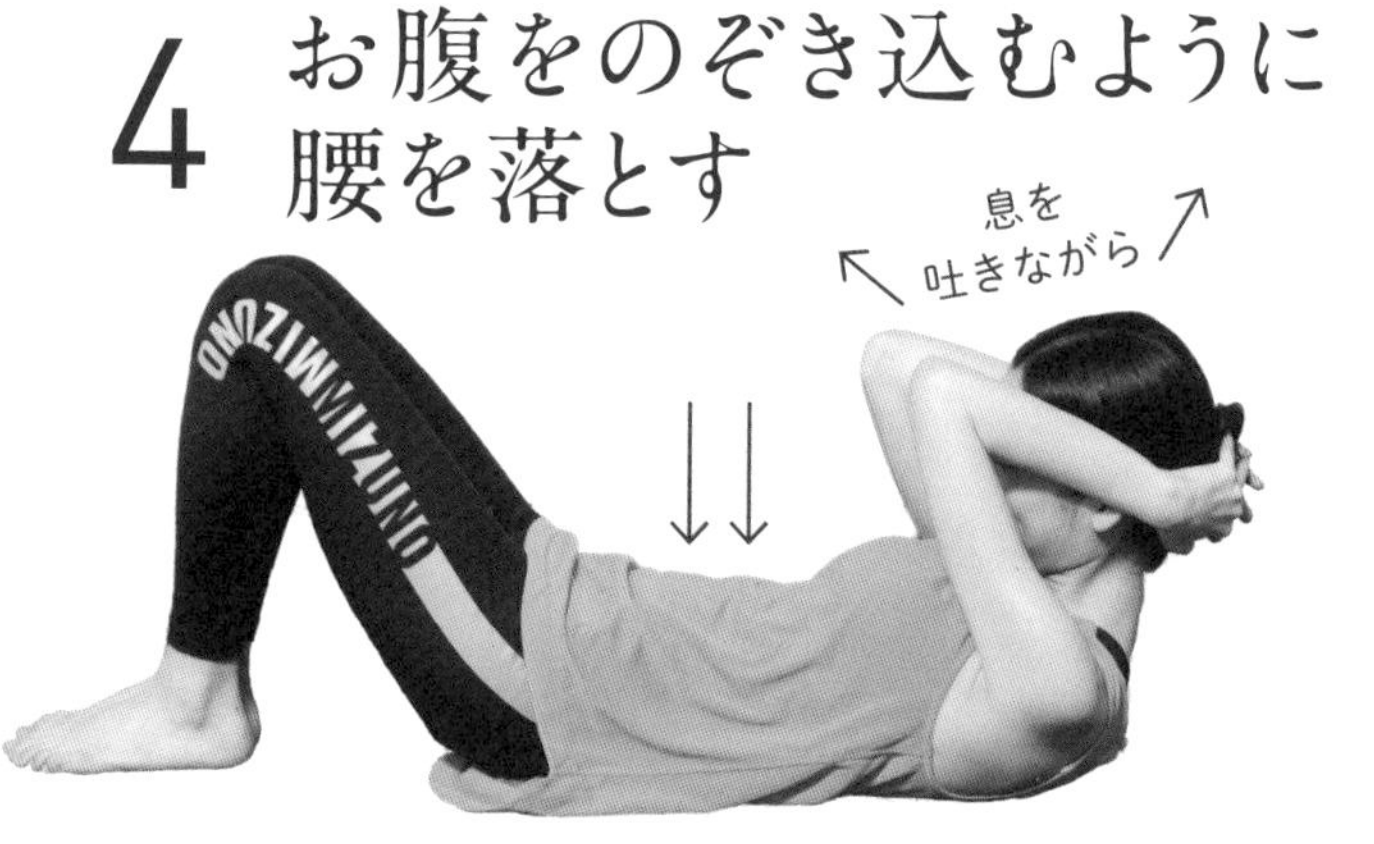
息を
吐きながら

「即小顔」への道

Step3 顔のゆがみを整える

ここからは実際に小顔になるためのエクササイズを紹介していきます。

基本のエクササイズは５つありますが、すべてを行う必要はありません。あなたの〝いまのゆがみ〟をなくしていくことが大切ですから、チェック項目にあてはまったエクササイズを行ってください。

一生懸命、がんばって行う必要はありません。むしろ、おふろあがりや寝る前などリラックスした状態の時に、ゆったりした呼吸に合わせて手の重みを感じるくらいの力加減で行いましょう。

血液やリンパ液の流れが促進され、むくみが解消されるだけでなく、筋肉のこわばりも取れていきます。

エクササイズのポイント

呼吸に合わせて!

エクササイズは呼吸に合わせて行います。5～10秒ほどかけるゆったりとした呼吸を行ってください。深い呼吸はリラックスにつながるうえ、血流やリンパの流れも促進します。

力を入れ過ぎない!

早くゆがみを改善したい気持ちはわかりますが、ギュウギュウと力を加えるのは別のゆがみのもと。じんわり手の重みを感じる程度で十分です。

タオルなどで体の高さをフラットに!

せっかく全身を整えたのに、肝心の顔のエクササイズでゆがんでいては元も子もありません。タオルなど高さを調節しやすいものを枕代わりにして、頭、首、背骨、骨盤がまっすぐになるようにしましょう。

寝ながら小顔に！

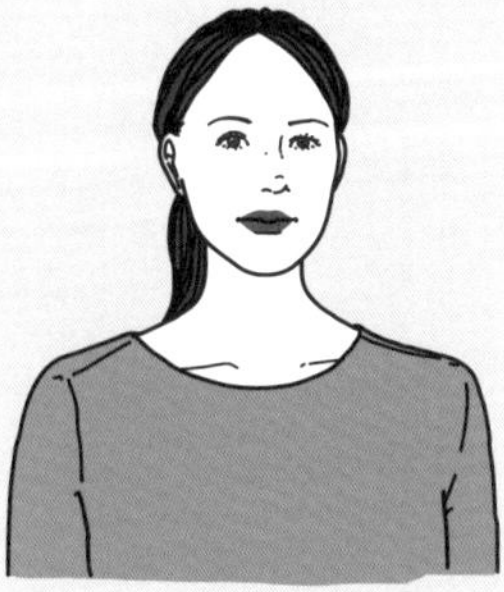

ねじれTYPE 解消エクササイズ

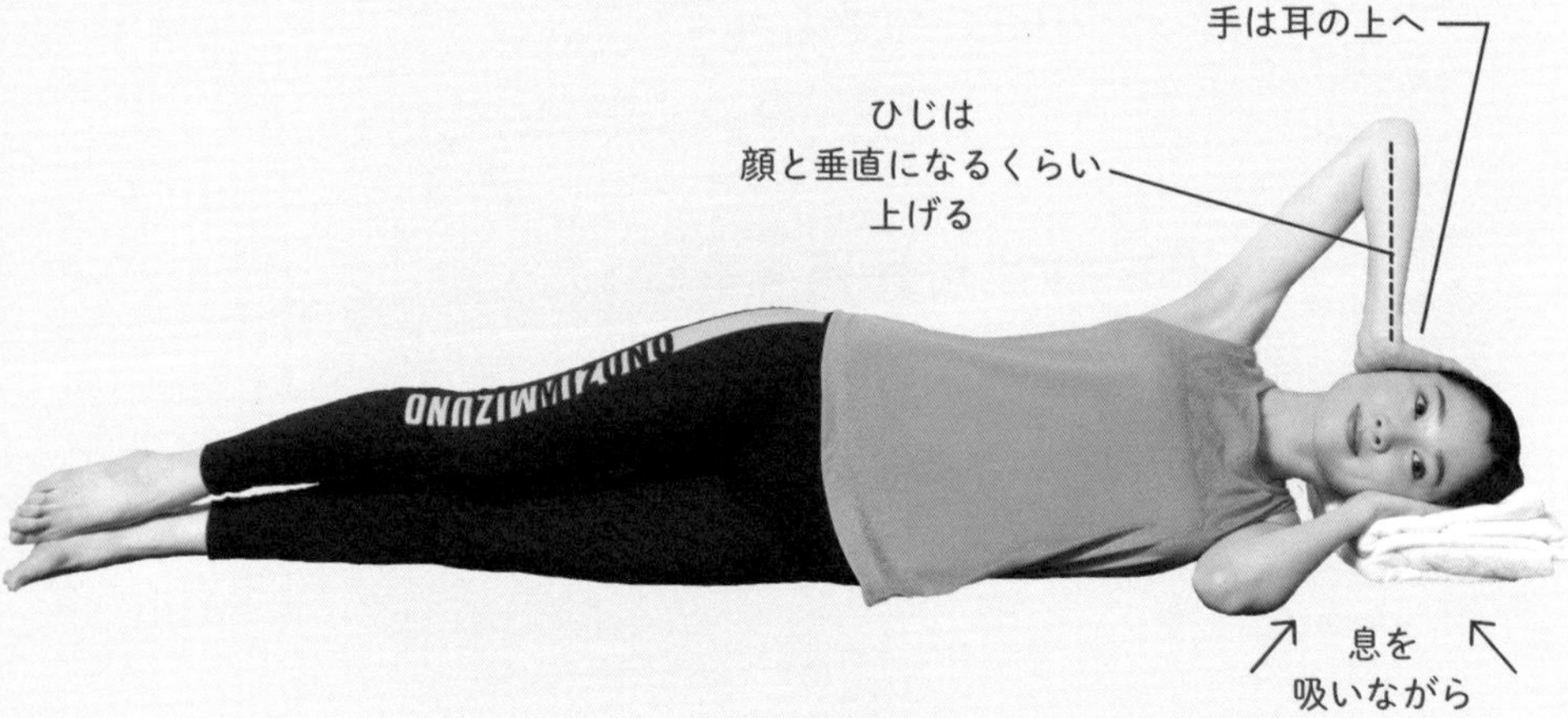
手は耳の上へ
ひじは
顔と垂直になるくらい
上げる
息を
吸いながら

1 ねじれているほうを上にして横になる

背骨がまっすぐになるように、三つ折りのバスタオルを枕にする。耳全体をふさぐように両手をあて、顔を挟み込む。

首や体が
丸くならないように！

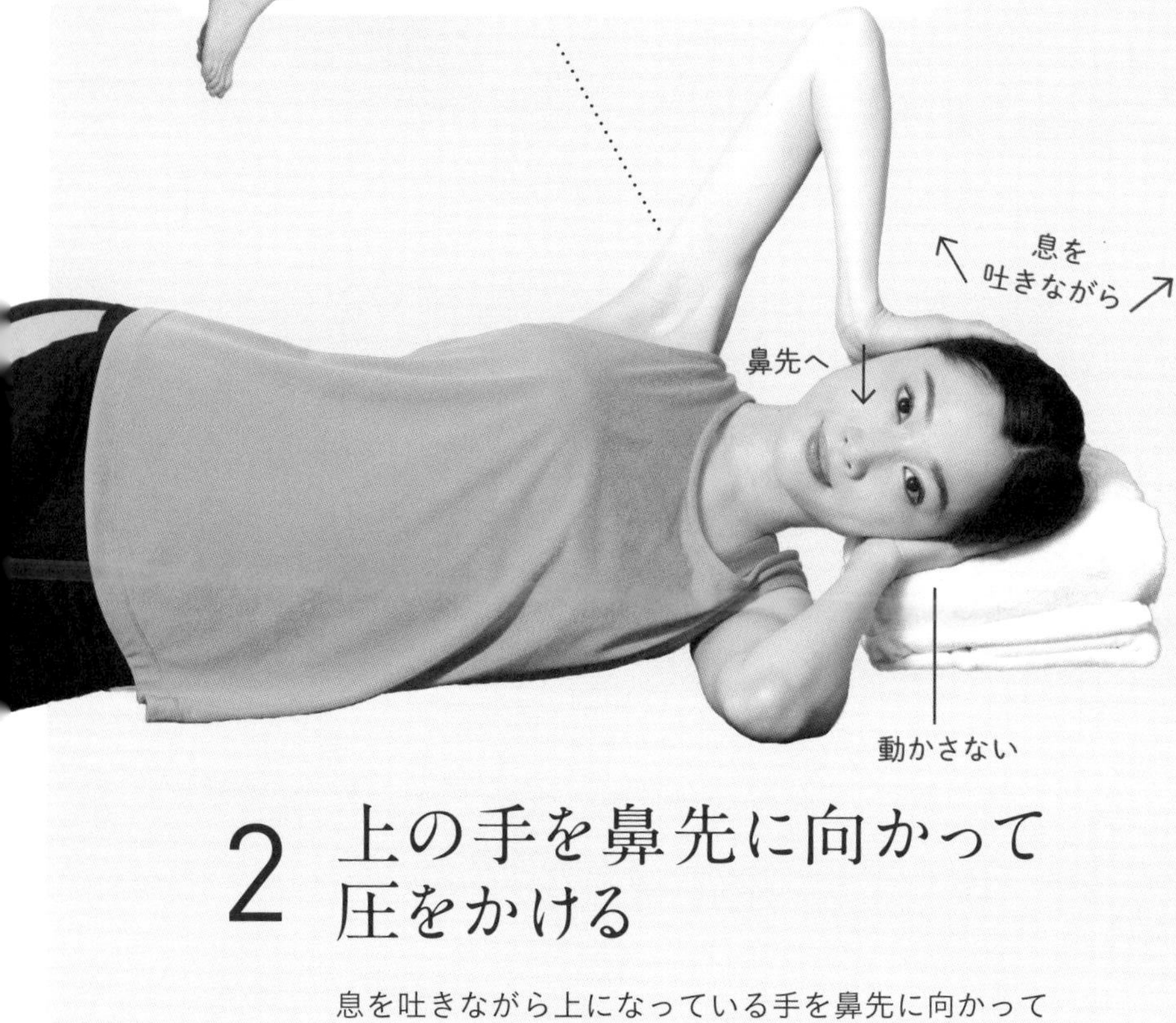
息を
吐きながら
鼻先へ
動かさない

2 上の手を鼻先に向かって圧をかける

息を吐きながら上になっている手を鼻先に向かって圧をかけていく。下（耳のほう）ではなく、小指のほうへ向かっていくイメージ。下の手は動かしません。息を吸いながら上の手の力を抜き、吐きながら圧をかけるを２呼吸分繰り返す。

寝ながら小顔に！

高さのズレTYPE 解消エクササイズ

1 下がっているほうを上にして横になる

背骨がまっすぐになるように、三つ折りのバスタオルを重ねて枕にする。耳全体をふさぐように両手をあて、顔を挟み込む。

2 上の手を頭頂に向けて圧をかける

息を吸って、吐きながら、上になっている手を頭のてっぺん（指先のほう）に向かって圧をかけていく。下になっている手は動かさない。

息を吸いながら上の手の力を抜き、吐きながら同じように上の手を頭のてっぺんに向かって圧をかけていく。呼吸に合わせて2回行う。

寝ながら小顔に！

横への広がりTYPE 解消エクササイズ

1 あおむけに寝る

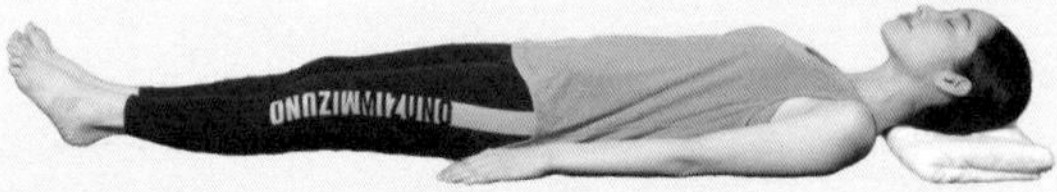

親指の
つけ根あたりを
つかう

息を
吸いながら

2 両手のひらを頬骨の横にあてる

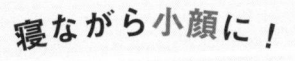

×

頬骨と鼻のあいだにしわが入らないように！

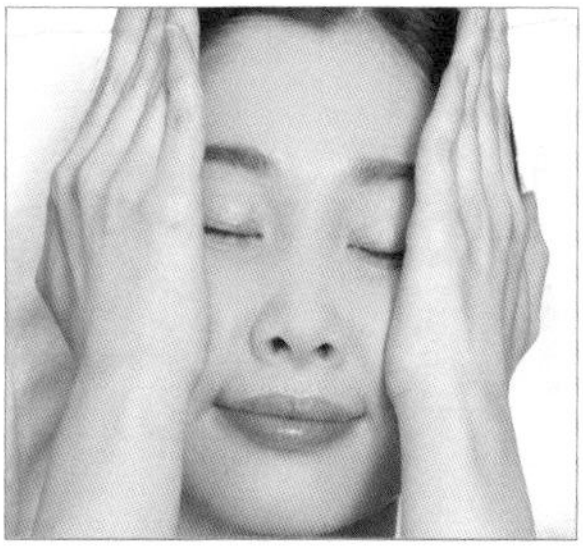

3

手のひらを顔の中心へ

息を吐きながら手のひらを顔の中心へ寄せていく。表面だけ寄せて、頬骨と鼻のあいだにしわが寄らないよう、骨をとらえて寄せることを意識する。

息を吸いながら手の力を抜き、吐きながら同じように顔の中心に手を寄せる。呼吸に合わせて２回。

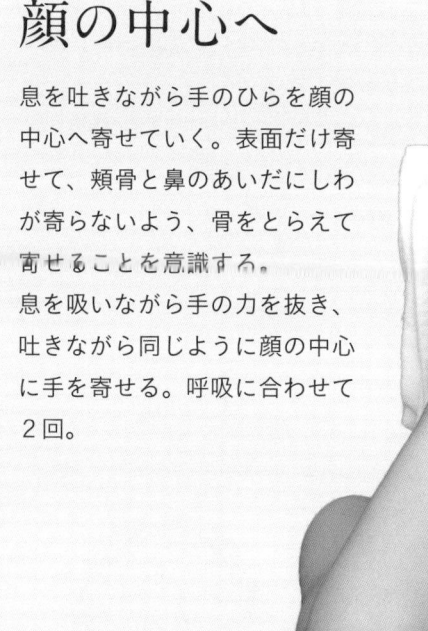

寝ながら小顔に！

前方へのズレTYPE 解消エクササイズ

1 あおむけに寝る

2 咬筋をほぐす

エラ部分（咬筋）を第二関節を使って小刻みにコリコリほぐす。

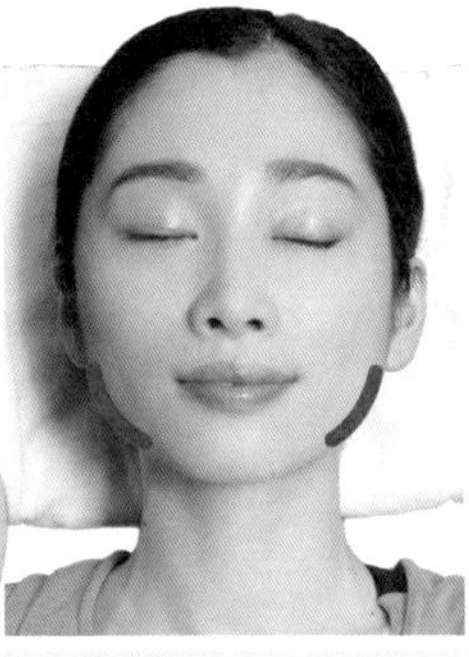

3 広頸筋をほぐす

あごの骨を耳の下あたりから指先でつまんだ状態で親指だけを押し入れていく。最初はあごの下が硬く、ほとんど入らないが、毎日続けると徐々に入るようになっていく。耳の下からあごの先まで移動していく。

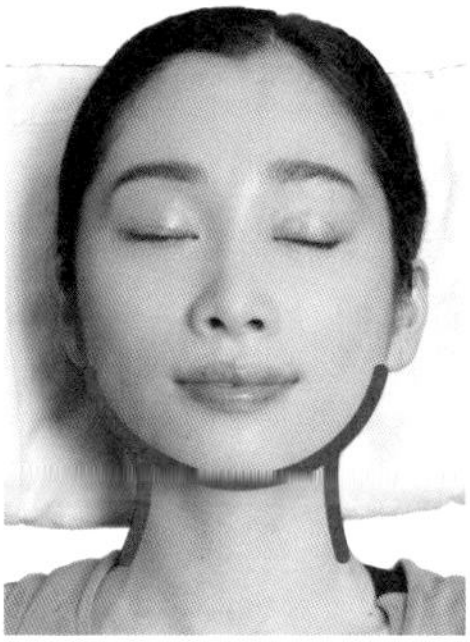

寝ながら小顔に！

下方へのズレTYPE 解消エクササイズ

1 あおむけに寝る

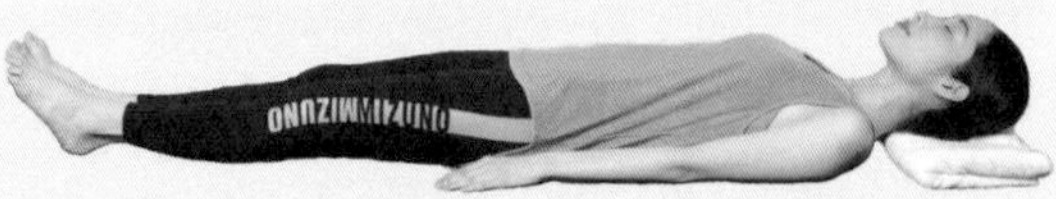

眉間にシワが
入らないように
息を
吸いながら

2 手のひら全体でおでこを挟み込む

3 ゆっくり手のひらを上へ

息を吐きながらおでこを挟み込んだ手のひらを上へゆっくり上げる。息を吸いながら手をゆるめ、吐きながら同じようにゆっくり手を上げていく。呼吸に合わせて2回。

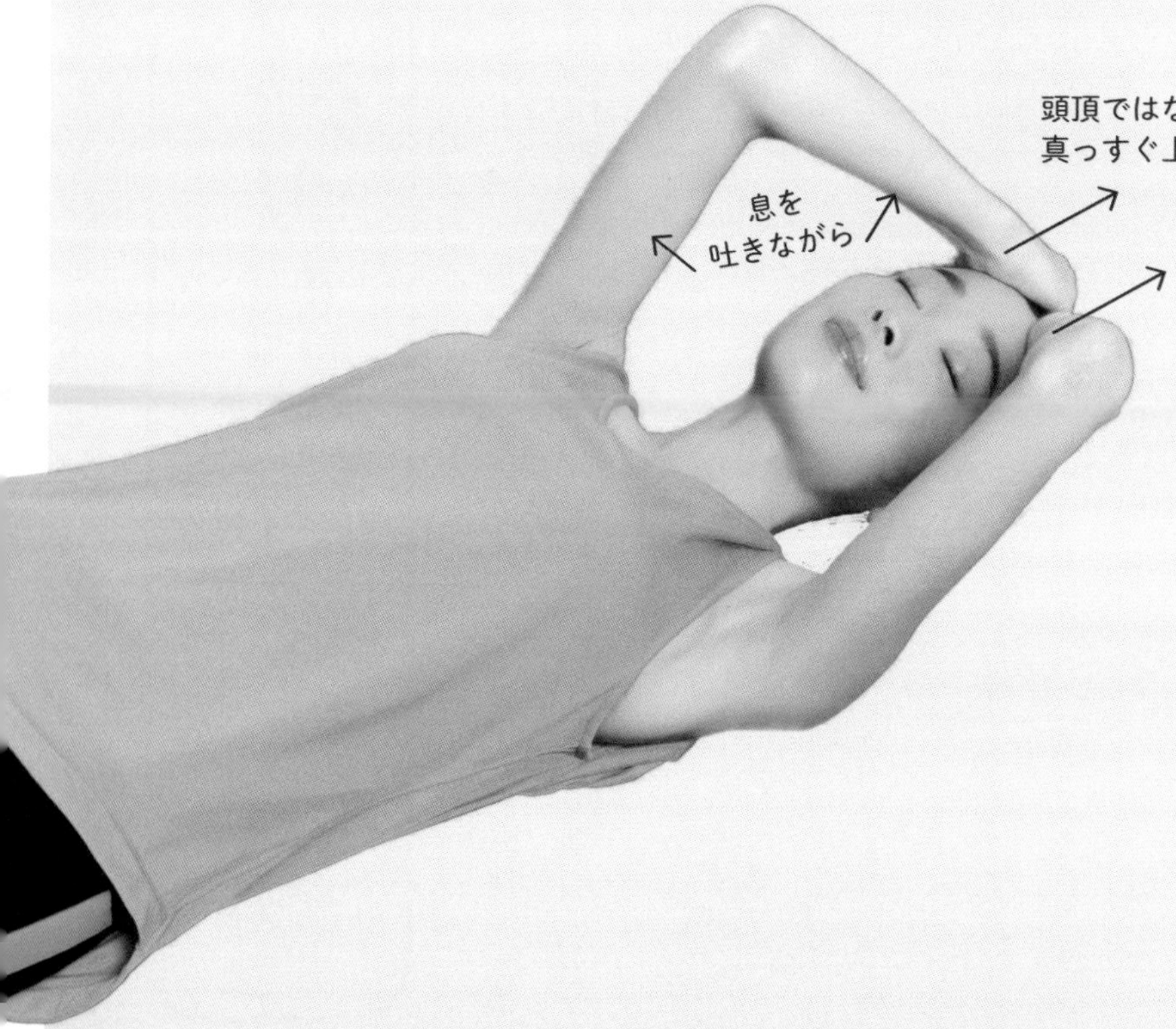

ただ
小さくなれば
いいだけ
じゃない!

顔の悩みに効く
エクササイズ

パッチリ目になる

年とともに目が小さくなっていく……。そんなショボ目は、前頭骨が下がることやゆがみによって、まぶたが腫れぼったく見えたり、目を開ける筋力の衰えてくることが原因です。

前頭骨が下がってしまうのはスマホやパソコンなど長時間下を向く姿勢が続くことが一因です。

下がった前頭骨を上げていく方法をご紹介します。

手のひらでおでこを挟み込み、息を吸って、吐きながら手を上へ、吸いながら戻すを2回。次に、小さく感じているほうの眼球のくぼみに指を引っかけます。息を吐きながら上の手を上げます。下の手は動かさないように抑えます。吸いながら元に戻します。呼吸に合わせて2回行いましょう。

1 手のひらでおでこを挟み込み、呼吸に合わさせて上下させる

2 眼球のくぼみに指先を引っかける

3 呼吸に合わせて上下させる

ただ
小さくなれば
いいだけ
じゃない!

顔の悩みに効くエクササイズ

鼻筋が通る

昔より鼻が低いような気が……。

それ、気のせいではありません。埋もれてしまった鼻筋は引っ張り出してあげましょう。


鼻を中心にぐるっと一周、優しくほぐしてあげましょう。

次に眉間を押さえながら鼻のつけ根をつまみます。そのまま鼻先へ向かって引っ張り出してあげましょう。上（天井方向）ではなく下（鼻先方向）になります。

さらに、息を吸いながら鼻先（軟骨部分）をつまみ、吐きながら上（天井方向）へ引き出していきましょう。

1 鼻のまわりをほぐす

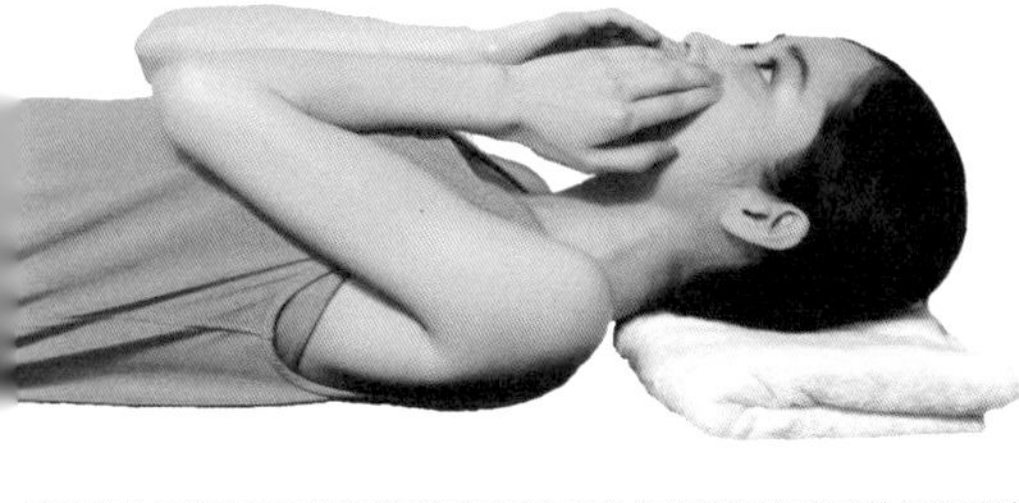

2 みけんを押さえ、
鼻のつけ根をつまむ

3 鼻先（下）へ
向かって
引っ張り出す

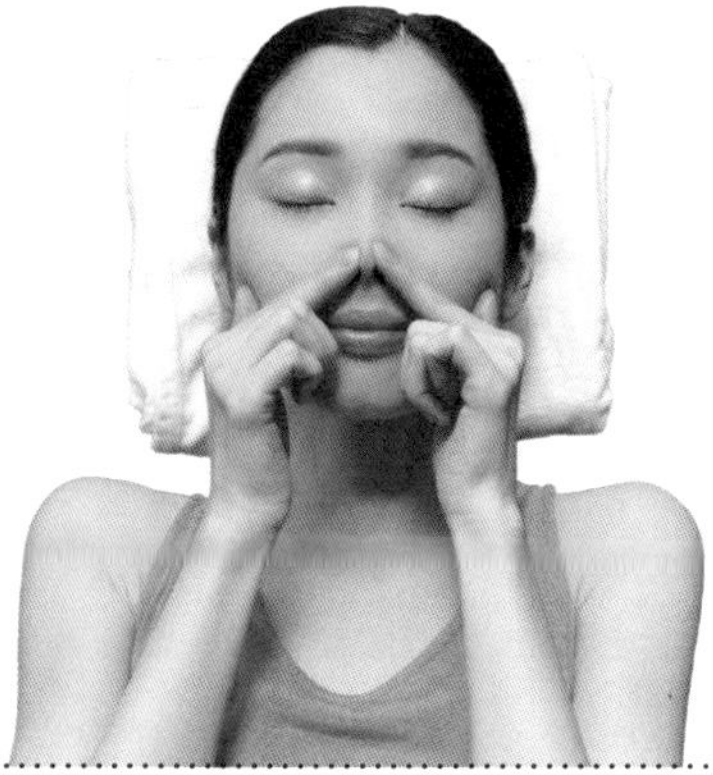

4 鼻先（軟骨部分）を
つまむ

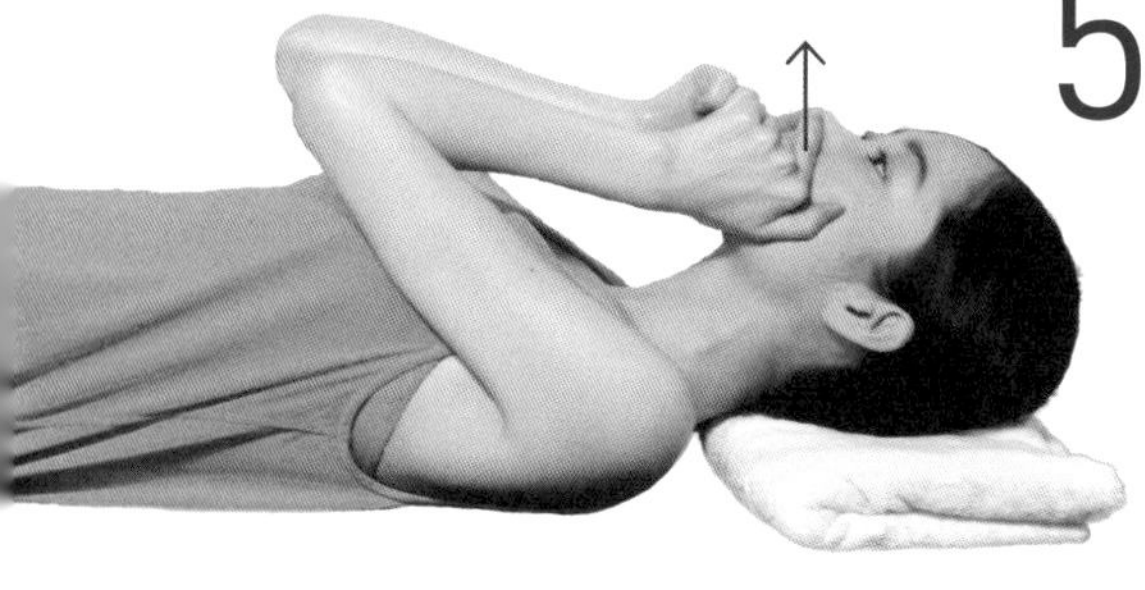

5 天井方向へ
引き出す

お悩みターゲット

狙い撃ち！

肉厚ほっぺの「丸顔」

眼の酷使が一因かも！

骨の形はある程度遺伝の影響があり、面長なのか丸顔なのかという顔の傾向は決まっています。しかし、頬からあごまわりにかけて水分や脂肪など老廃物がたまることによって、顔全体が大きく丸くなります。

頬からあごまわりにかけてふっくらとするのはしもぶくれと同じです。しかし、丸顔は頬骨や側頭骨が外に広がるズレがあり、そのまわりに余分な水分や脂肪などの老廃物がたまることで顔が横に広がって見えてしまうのです。

また、眼を酷使することが多いと、側頭筋という顔の横にある筋肉が縮まり、頬骨や側頭骨を外側へと引っ張り出し、結果的に外に広がることで丸顔になるということが起こります。

他にも、同じ方向ばかりを下にして横になっていると、上になっているほうだけが外に飛び出るというズレも起こります。

外に広がった骨の上に脂肪などの老廃物や凝った筋肉が重なり、横に大きく広がっていくことで立派な丸顔になってしまうというわけです…。横への広がり解消エクササイズに取り組んでみてください。

第3章

小顔は〝スタイル〟を変える！

いつまでも

美小顔でいるために

1

ゆがまない生活へ
スタイルチェンジ！

骨や筋肉のバランスが整うことで生まれる小顔は生活習慣から生み出されるもの。だとしたら、日ごろから無意識に行っている生活習慣を見直すことが、いつまでも小顔でいるための近道です。

あなたはこんなデカオ習慣をしていませんか？

- 同じほうばかりで頬づえをつく
- どちらかで噛むくせがある
- 立っている時や座っている時に左右のどちらかに重心をかけている
- かばんをいつも同じほうに持つ
- 奥歯を食いしばる
- 顔が傾いている
- 休憩なくスマホやパソコンに向かっている
- 友達と並ぶ時、いつも位置が決まっている
- 寝る時は横向きか下向きである
- 同じ体勢で長時間過ごしている

BAD

デカオをつくる習慣

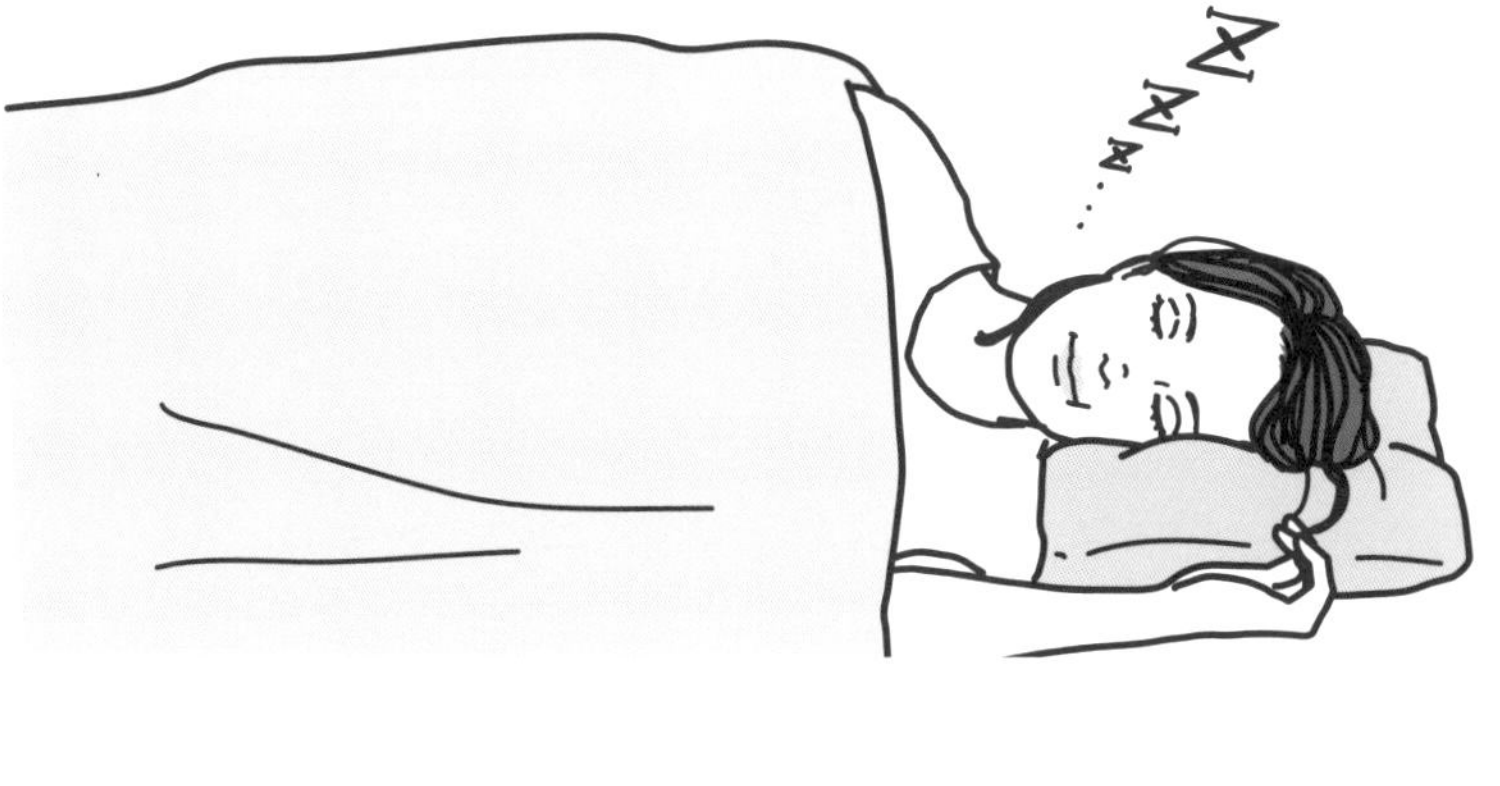

GOOD

小顔をキープする習慣

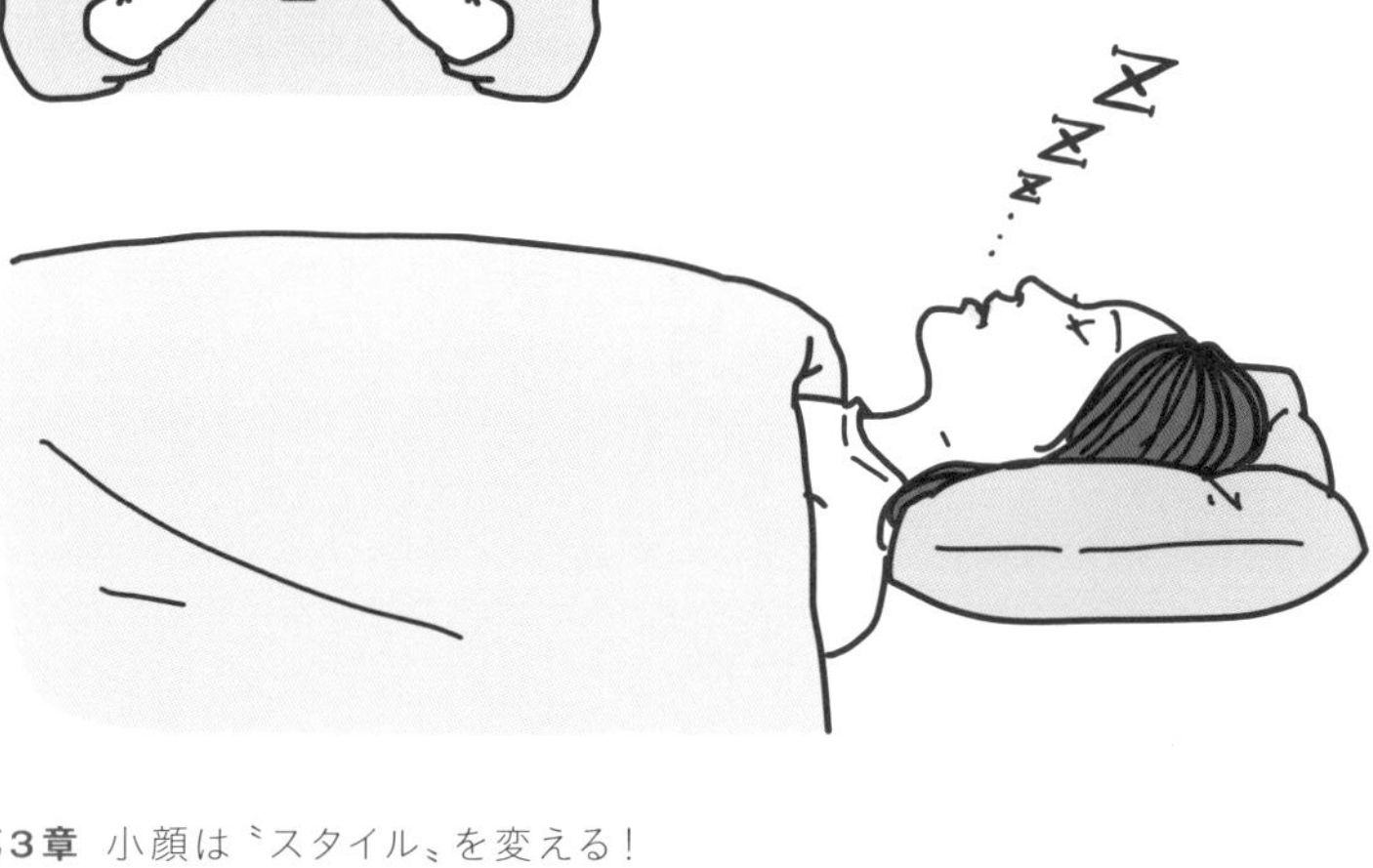

いつまでも
美小顔でいるために

2

「小顔習慣」を定着させる

生活習慣は無意識に行っていることが多いので、デカオ習慣に気づいていない人もいると思います。前のページで紹介したよくやりがちなデカオ習慣、身に覚えのある方も多かったのでは？

人と話す時、食事の時、仕事をしている姿勢、座り方や立ち方、寝方など、一日の流れを通して自分の生活パターンを細かくチェックしてみてください。

自分のくせがわかったら、そのくせを「しない」ことを実行してきましょう。習慣が定着するには5～60日ほどかかるといわれています。一度にたくさん行わなくてかまいません。1日ひとつでも毎日少しずつ取り組むことが、デカオ習慣から脱出し、小顔習慣を定着させていくのです。

生活空間に姿が自然と目に入るような大き目の鏡を置いたり、動画でふだんの動きを撮ってみるのも、客観的に自分のデカオ習慣を知るためのいい機会になると思います。

いつまでも
美小顔でいるために

3

「小顔食」で内から変わる！

せっかくシルエットが変わってきても、肌に張りがなかったり、くすんでいたりしていたら余計に老けて見えることでしょう。肌つやのよさは「食事」が大きく関係してきます。ぜひ、〝小顔食〟で美しい小顔を手に入れてください。

① むくみの原因になる塩分を控える

体内の塩分が主にむくみの原因と言われています。塩分が多いと、その濃度を薄めるために体内に水分を取り込もうとし、結果むくみにつながります。そこで日々の食事で塩分を控える食事を意識してください。

基本的に味の濃い食事には塩分が含まれています。また、コンビニなどで売られている食事やお菓子も同様に塩分が多い傾向にあります。同じコンビニを利用するにしても塩分控えめの物を選ぶようにしましょう。またお弁当など自炊するのも効果的です。

② 塩分を排出する効果がある食事をとる

次に塩分を体外に排出する食事です。余分な塩分を体外に排出する効果があると言われるのがカリウムです。カリウムが含まれる食材はバナナ、のり、わかめなどの海藻類、ナッツ、さつまいも、大豆、ほうれん草、たけのこなど。これらを毎日の食事に少し加えるだけでもむくみ改善に効果があります。

小顔は人生を変える! 1

顔が変わると「体」も変わる!

頭蓋骨は背骨を通じて、体の要である「骨盤」とつながっています。

ですから、頭蓋骨のゆがみが取れ、小顔習慣が身につくことで体にもいい変化があらわれてきます。

また、わたしたちは加齢によって、体の前側の筋肉が硬く収縮し、骨も引っ張られて、前かがみになっていきやすいです。すると血流やリンパの流れが滞るだけでなく、脂肪のつくスキマも生まれていきます。

このような体の変化に対抗していくためにも、小顔をキープし続けるための「ゆがみのない生活習慣」がとても大切になってきます。

ゆがみのない生活習慣は、よい姿勢が手に入ります。さらに姿勢をキープするために体幹が鍛えられます。そう、体のシルエットも顔に合わせてシュッとしたものに変わってくるのです。

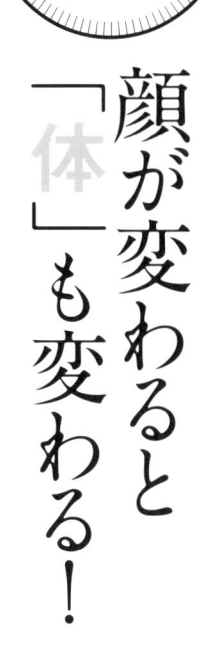

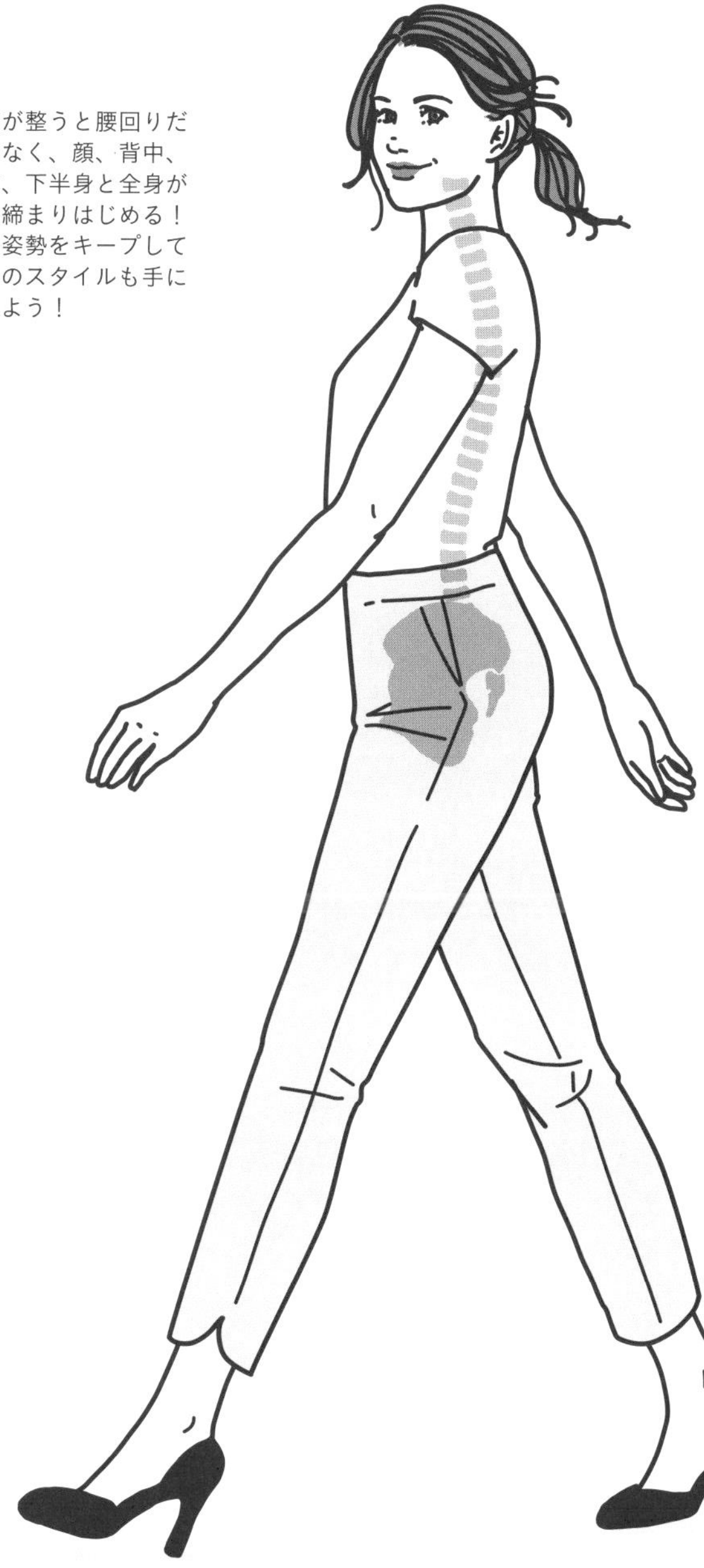

骨盤が整うと腰回りだけでなく、顔、背中、お腹、下半身と全身が引き締まりはじめる！ 良い姿勢をキープして理想のスタイルも手に入れよう！

小顔は人生を変える！ 2

むくみがなくなり血色のいい顔に！

あごまわりがふっくらとしていて、目元は腫れぼったい、顔のパーツがぼんやりしている……。このような顔ぽっちゃりタイプは顔全体に水分がたまっていることが多いです。

このようなむくみは余分な水分や老廃物が細胞間やリンパ管で滞るためにおこります。小顔エクササイズは骨や筋肉にアプローチするとともに、筋肉を動かすことで血行、リンパの流れもよくします。

老廃物は流れていき、栄養がしっかり運ばれるようになると、むくみが解消されるだけでなく、めきめきと血色のいい顔に変わっていくことでしょう！

内側から輝くような肌ツヤは、顔も体も全体に栄養がいきわたって初めて実現するものなのですから。

通常の状態

血管から染み出す水分と、血管に吸収される水分のバランスが取れている状態

むくんでいる状態

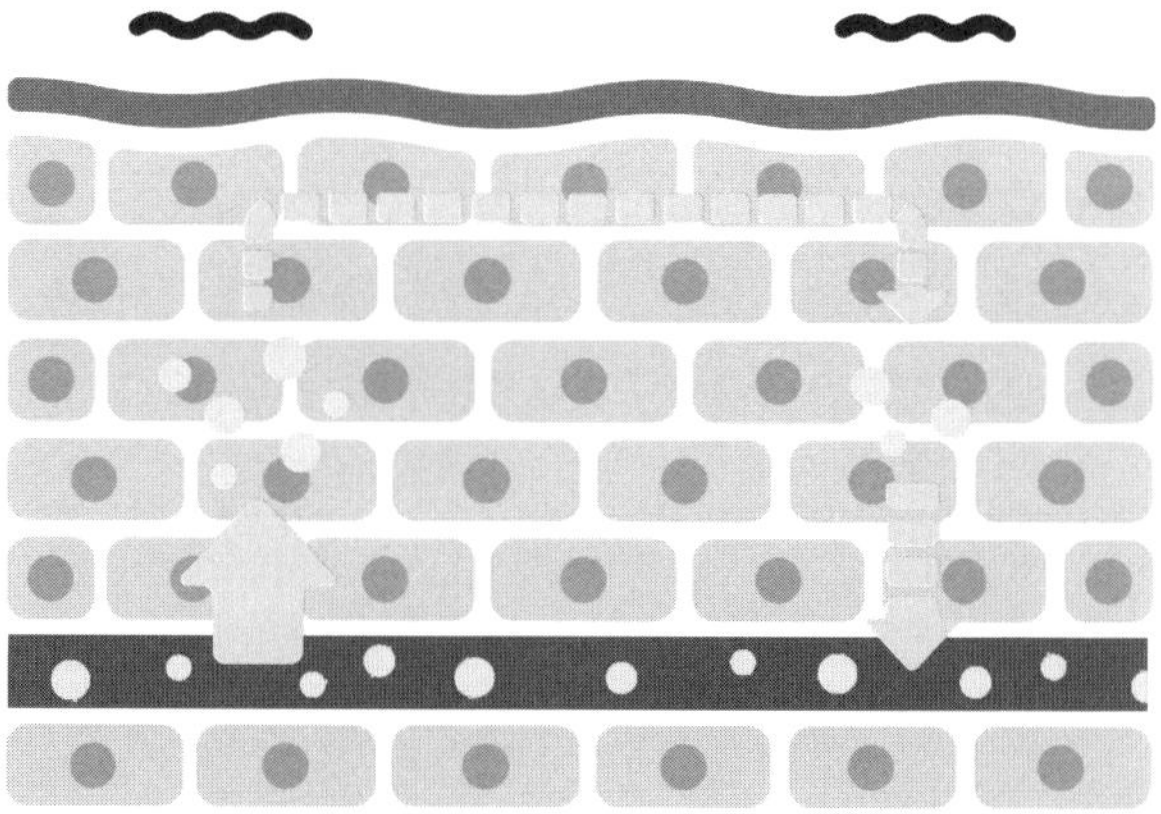

水分を吸収する能力が低下し、皮膚の下に水分がたまることでむくみが発生

小顔は人生を変える！ 3

不眠・便秘…女性特有の不調も改善！

意外かもしれませんが、「小顔習慣」を続けることは不眠や便秘、生理不順、冷えなどの不調を改善してくれます。

わたしたちの体が調子のいい時、それはどこにも滞りのない状態である時です。小顔エクササイズを通じて、骨盤が整うことにより、圧迫されていた内臓、女性機能の回復、全身の血流やリンパの流れがよくなるほか、背骨の位置が正されることで自律神経の働きがよくなります。

ムチャなやり方でいくら小顔になっても、スタイルがよくなっても、体調が悪いようでは本末転倒です。顔も体もゆがみがなくなり、イキイキとした生活がセットになって初めて「小顔」は人生を変えていくでしょう。

女性特有の不調

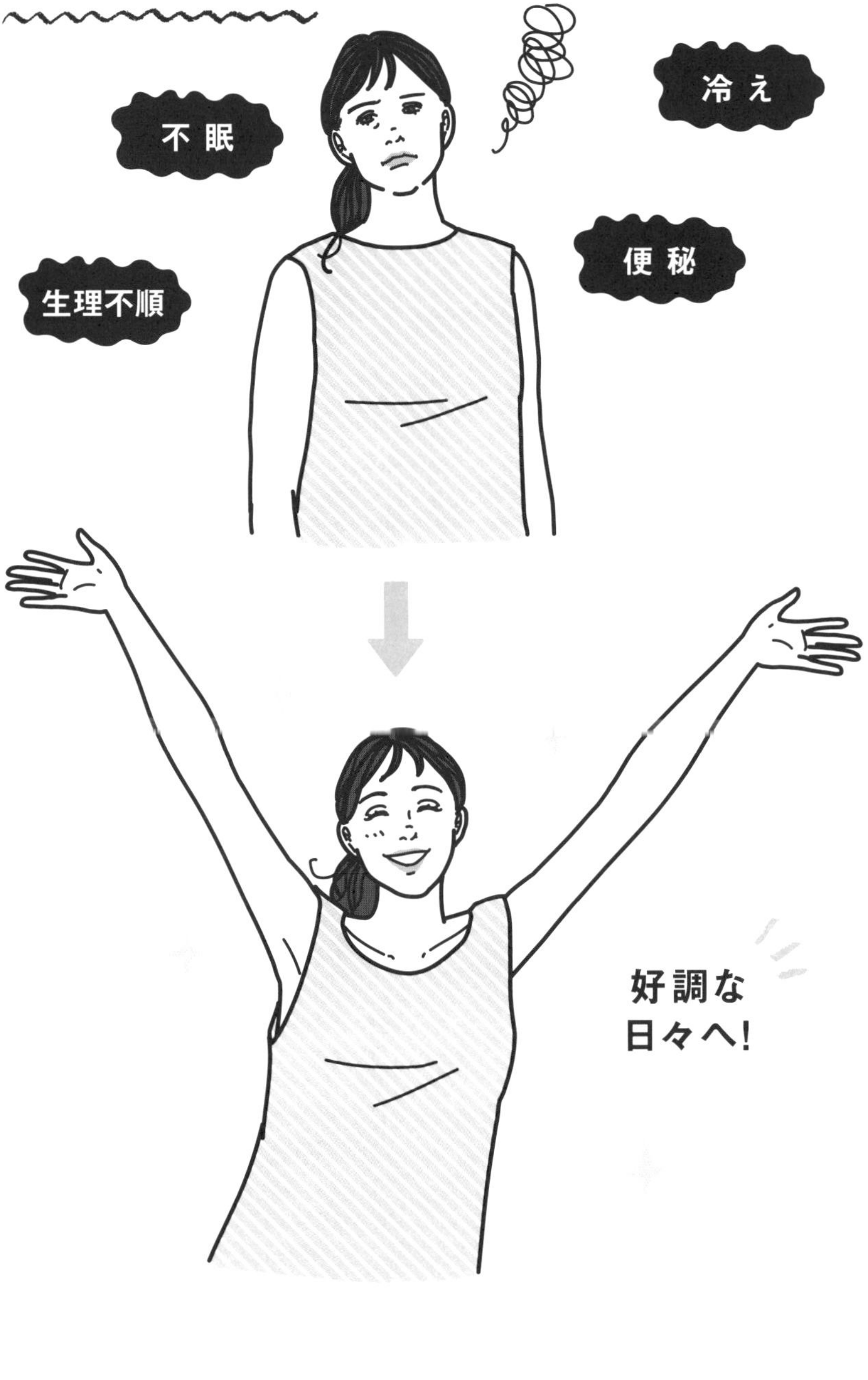

小顔は人生を変える！ 4

シミ、しわはどこへ？ 美肌になる！

小顔のためのエクササイズはシミやしわにも効果を発揮します。

多くの女性は化粧品やエステで何とかしようとすることが多いと思います。しかし、長年刻み込まれたシミやしわには表面的なアプローチよりも、顔の内側、つまり骨や筋肉からのアプローチのほうが効果を期待できます。

まぶたの筋力を上げて

「おでこのしわ」撃退！

気づかぬうちにできている「おでこのしわ」。一度つくとなかなか取れず、しかも一気に老けて見えてしまうという厄介なしわです。

おでこにしわができてしまう時は、眉毛から頭のてっぺんにかけてある前頭骨という骨が下がり、上眼瞼挙筋《じょうがんけんきょきん》や眼輪筋といったまぶたの筋力が衰えることが原因です。

目を開ける時は本来ならばまぶたにある筋肉を使うのですが、スマホやパソコンなどによって前頭骨が下がり、筋力に衰えがあると無意識におでこの筋肉で目をあけようとしてしまい、結果としておでこにしわができてしまいます。

絶対にできてほしくない

「ほうれい線」

あるのとないのとでは10歳ほど印象が変わるとも言われている「ほうれい線」。

ほうれい線は頬のたるみのほか、骨格のゆがみや骨格そのものが下がってしまうことで筋力が衰えていくのが原因です。このため、血液やリンパの流れが滞り、老廃物があごや頬まわりにとどまることで重さがプラスされ、さらに下がっていき、ほうれい線ができてしまうのです。下を向いたりあごが出る姿勢を続けている人は要注意！

老廃物のたまり場

「シミ」

シミは顔の滞りのあらわれです。なぜならシミは、本来なら代謝されていくはずのものが残り、皮膚にでてくるからです。

そんな時は、小顔エクササイズでじんわり流してあげましょう。

このじんわりが重要です。肌は強く引っ張るとシミやしわの原因になりますから、あくまで優しく肌に触れてあげることが大切です。

シミもしわも本書で紹介したエクササイズを行っていくことで改善が期待できます。シミを濃くしたり、しわを深く刻み込んでしまわないように、優しくエクササイズしていきましょう。

お悩みターゲット

狙い撃ち！

恐怖の「たるみ」

原因は重力だけじゃない！

年齢を重ねると大なり小なり骨はゆがみます。そして体のゆがみと同様に顔の骨もズレます。そのズレた状態が長く続き、改善されないことで、さらに大きくゆがませてしまいます。

結果、顔全体の骨格も下がります。そして、下がった骨を引き上げる筋肉をうまく使えなかったり、骨のゆがみによって老廃物の通り道をつくれなかったり、リンパや血液が滞りやすいために「たるみ」が起きてしまっているのです。

しかも、年齢とともに肌の弾力の低下や筋力の衰えもあり、脂肪などの老廃物の停滞があわせて起こります。そこで年を重ねるごとにじわじわとたるみ始めている事実に、いち早く気づくことがたるみを食い止めるポイントです。

まずは、顔のゆがみのエクササイズを行いましょう。

顔のゆがみを整えるエクササイズは、凝り固まった筋肉もほぐしてくれるので、生活しているうちに、骨格をうまく大きく使えるようになり、筋肉が引き上がります。その結果、たるみ解消につながります。

そして、上を向いて笑顔になることがたるみ解消の近道でもあります。悩んだり落ち込んだり下を向いて、気分が落ち込む姿勢は、たるみになる可能性を高めます。

空を見上げて、笑顔になることで、骨も引き上がり、筋肉は上むき、引き上がった顔を手に入れられるでしょう！

おわりに

私自身、10代から20代にかけての本来なら肌が一番きれいな時に、本当に肌荒れに悩んでました。このころは体重も人生最高を更新。ムチャなダイエットも影響していたのでしょう。万年冷え性で血流も悪かったです。顔はパンパンに腫れていて、しかも血色悪くくすみ、厚化粧でなんとかごまかしていました。たくさんのお金と時間をエステや化粧品、ダイエット用品に費やしました。

ところが、そのようなものよりも〝骨格を整える〟だけで、今までの悩みがするすると改善していきました。体重は15kg減り、パンパンだった丸顔は元の大きさを取り戻しました。顔の骨を整えることで血流やリンパの流れはスムーズになり、筋肉のこわばりも改善されたからでしょう。

気づけば肌の状態も良くなっていました。今ではファンデーションも必要ありません。本来なら、シミやしわなどで悩み始めてもおかしくないはずなのですが、10代や20代の頃よりも今のほうがずっと肌がきれいだと感じます。肌がきれいだと自分に自信が持てるので、人と会うのも楽しいですね。

私は、目鼻立ちがはっきりとし、均整の取れた小顔を手に入れることだけがゴールだとは考えていません。

自信を持って、毎日をいきいきと過ごし、やりたいことを精いっぱいすること。

このゴールを手助けするのが〝小顔になった自分〟なのだと思います。

案外、女性は簡単に自分に自信を持てる生き物ではないかと思うのです。ふだんよりちょっと肌がきれいだと気分が上がったり、顔がシュッとしてくるとメイクが楽しくなってくるという経験をしたことがある人も多いのではないでしょうか？

〝自信〟は女性の原動力でもあると思います。

今まで容姿に悩んできた人にとっては、自分の顔が嫌で鏡が見られず、